300 momentos de emoção

Milton Mira de Assumpção Filho | Tiana Chinelli

BRASIL PENTACAMPEÃO
300 momentos de emoção

M.Books do Brasil Editora Ltda.

Rua Jorge Americano, 61 – 05083-130 – São Paulo – SP – Tels.: (11) 3645-0409 / 3645 0410
Fax: (11) 3832-0335 – E-mail: vendas@mbooks.com.br – Site: www.mbooks.com.br

Dados de Catalogação da Publicação

Milton Mira de Assumpção Filho e Tiana Chinelli
Brasil Pentacampeão – 300 momentos de emoção
2014 – São Paulo – M.Books do Brasil Editora Ltda.

1. História 2. Esporte 3. Interesse Geral

ISBN: 978-85-7680-230-3

© 2014 M.Books do Brasil Editora Ltda.

Editor: Milton Mira de Assumpção Filho
Reportagem: Tiana Chinelli
Produção Editorial: Beatriz Simões Araújo e Carolina Evangelista
Coordenação Gráfica: Silas Camargo
Editoração: Crontec
Criação da capa: Douglas Lucas
Tratamento de imagens: Isadora Mira de Assumpção
Foto da capa: Jeremy Maude/Masterfile/Latinstock

Créditos das imagens:
Agence France Press: Omar Torres, Antonio Scorza, Patrick Hertzog, Joel Mabanglo, Daniel Garcia
Grupo Estado: Masao Goto Filho, Robson Fernandjes, Paulo Pinto, Vidal Cavalcante
JB: Alberto Ferreira
Conteúdo Expresso: Eugenio Savio/ Abril Comunicações S/A
Fotos de Djalma Santos: Laura Santos

2014
M.Books do Brasil Editora Ltda.
Proibida a reprodução total ou parcial.
Os infratores serão punidos na forma da lei.
Direitos exclusivos cedidos à
M.Books do Brasil Editora Ltda.

Dedicamos este livro aos Campeões do Mundo de futebol das Copas de 1958, 1962, 1970, 1994 e 2002 que tanto nos encantaram

Prefácio

No ano de 2006, Copa do Mundo na Alemanha, tive o prazer de representar o campeão mundial Gylmar dos Santos Neves, na cerimônia de abertura em Munique. Fato este que me colocou frente a frente com mais de 200 campeões mundiais de todos os países, sendo que tínhamos, nada mais, nada menos que um terço deste número de brasileiros, obviamente por sermos pentacampeões mundiais.

Foi assim que conseguimos reunir no lobby do hotel todos os nossos campeões e fundar a Associação dos Campeões Mundiais de Futebol do Brasil. Atualmente, temos 65 filiados, que contam com toda a assistência financeira, jurídica e principalmente de reintrodução ao mercado. Hoje, ainda, todos possuem uma aposentadoria vitalícia, extensivo às esposas, o que finalmente foi um grande reconhecimento de nosso país a estes grandes heróis.

Um livro que resgata essas nossas conquistas, nesta época de Copa do Mundo, resgata e valoriza os nossos grandes campeões!

A Associação dos Campeões Mundiais sente-se honrada em participar e apoiar esta bela obra, que deixará eternizado os nomes de todos os campeões além, é claro, daqueles que partiram recentemente, fazendo com que pessoas de todas as idades, culturas ou religiões possam saber que o Brasil é o maior campeão mundial de futebol do planeta.

Um dia espero ver novamente, talvez em outra dimensão um time formado por meu querido pai Gylmar, De Sordi, Djalma Santos, Mauro Ramos de Oliveira, Nilton Santos, Didi, Garrincha e Vavá...

Este livro fará com certeza que ninguém esqueça jamais destes grandes homens que levaram o nome de nosso país para todo o mundo.

Marcelo Izar Neves
Presidente da Associação dos Campeões Mundiais de Futebol do Brasil

Apresentação

Que o brasileiro é um apaixonado por futebol ninguém pode negar. Desde criança, vibramos com nosso clube do coração e, em especial, com o mais amado dos times: a Seleção Brasileira.

Neste ano em que seremos novamente anfitriões de uma Copa do Mundo de Futebol, nada mais justo do que homenagear todos os jogadores e técnicos que ajudaram o Brasil a ser a única seleção pentacampeã do mundo. A única a carregar em sua camisa cinco estrelas douradas.

Convidamos 300 amantes do futebol a declarar seu amor pela Seleção. Pedimos a eles para remexer no baú de memórias e nos responder:

1) Qual o lance que você mais lembra e que lhe causou uma maior emoção nas cinco Copas em que o Brasil foi campeão?

2) Quais foram os três jogadores mais importantes para essas cinco conquistas?

3) Escalando somente jogadores e técnicos que foram campeões, qual sua Seleção Brasileira de todos os tempos?

O que você lerá a seguir são depoimentos cheios de emoção, repletos de lembranças pessoais que se misturam à história da Seleção Brasileira.

Uma história de glórias e conquistas que começou a ser escrita em 1958, na distante Suécia, quando vencemos os donos da casa por 5 a 2 e Bellini teve a honra de ser o primeiro capitão brasileiro a levantar a taça de Campeão Mundial. Gesto que foi depois repetido por Mauro em 1962, Carlos Alberto Torres em 1970, Dunga em 1994 e Cafu em 2002.

Foi também na Copa de 58 que o mundo viu surgir o maior de todos os jogadores que já pisou nos gramados: Pelé, então um garoto de apenas 17 anos.

O Rei do Futebol é praticamente uma unanimidade entre os depoentes. Ele está presente em quase todas as seleções dos sonhos quando não foi excluído por ser considerado hors-concours e é considerado o jogador mais importante para as cinco conquistas da Seleção. Não é para menos: Pelé esteve presente em três delas (58, 62 e 70).

Vários dos entrevistados afirmaram ser impossível eleger apenas três jogadores responsáveis pelas cinco conquistas da Seleção. Abrimos exceções e deixamos que eles optassem por citar quatro jogadores ou escolher um jogador por Copa.

A mesma dificuldade surgiu na hora de eleger uma Seleção Brasileira de todos os tempos. São tantos os talentos que o maior desafio foi escalar apenas onze jogadores e um técnico...

E muitos não nos deixaram esquecer de um time que não foi campeão, mas encantou a todos: a Seleção de 82 de Telê Santana, Zico, Sócrates e Falcão, que, por capricho do destino, foi eliminado pela Itália de Paolo Rossi.

Dois gols se destacam na memória dos entrevistados: o de Carlos Alberto Torres na final contra a Itália, o último da Copa de 70, uma jogada de beleza técnica, tática e plástica, com a cara daquela equipe; e o de Branco contra a Holanda na Copa de 94, o gol da virada de um jogo difícil, suado, e que garantiu a passagem da Seleção para as semifinais.

Entre os depoentes, estão 33 Campeões Mundiais. Ídolos das cinco gerações campeãs que defenderam com suor e muito amor a Amarelinha e, como você, como nós, são torcedores apaixonados.

Qual é o time dos sonhos de Carlos Alberto Torres, nosso capitão do Tri? Ou a maior lembrança dos saudosos Gylmar dos Santos Neves e Djalma Santos? O que tem a nos contar Zagallo, campeão como jogador, técnico e coordenador técnico da nossa Seleção? E Pelé?

É o que você descobrirá a seguir!

Momentos de Emoção

Este livro fala de emoção. Emoção proporcionada pela felicidade de ver o Brasil campeão da Copa do Mundo. Uma... duas... três... quatro... cinco vezes!

300 depoimentos, 300 momentos mágicos.

Expressos na emoção de um gol, um passe, uma defesa espetacular, um drible, um lance magistral de craque, um grito uníssono da torcida.

Para cada um dos depoentes, lembranças marcantes, inesquecíveis.

Nas cinco Copas do Mundo em que o Brasil se sagrou campeão, sobram momentos de intensa emoção que o tempo não apaga e, ano após ano, viram lendas.

O tempo é o senhor história, e muitos ainda se lembram desses momentos de emoção...

1958

Brasil 3 x 0 Áustria

- Após lançamento em profundidade, Mazzola domina e, com um chute forte e certeiro, abre o caminho para a vitória.

  O segundo gol da Seleção nasceu de ato de total "indisciplina" do lateral esquerdo Nilton Santos. Numa época em que laterais tinham função meramente defensiva, a Enciclopédia foi para o ataque, tabelou com Mazzola e, apesar dos gritos insistentes do técnico Feola pedindo para ele voltar ao campo de defesa, continuou rumo à área austríaca, e marcou um golaço.

Brasil 0 x 0 Inglaterra

- O ferrolho inglês, com o goleiro McDonald pegando tudo.

Brasil 2 x 0 URSS

- O juiz autoriza o início do jogo, Vavá toca para Didi, que lança para Garrincha na direita; Garrincha parte para cima dos defensores, dribla dois e solta um pelotaço que explode na trave do goleiro soviético. O lance foi decisivo para assustar os adversários e dar mais confiança aos jogadores brasileiros.

Brasil 1 x 0 País de Gales

⚽ O gol magistral e sofrido de Pelé, que definiu a partida das quartas de final. Pelé recebe a bola, aplica um meio chapéu no defensor e, de peito de pé, chuta no canto direito do goleiro galês. O garoto de apenas 17 anos mostra ao mundo toda sua genialidade.

Brasil 5 x 2 França

⚽ A folha seca de Didi no segundo gol do Brasil na espetacular vitória sobre a França. De pé direito, de fora área, Didi chuta; a bola sobe, vai balançando, muda de direção e cai alta no ângulo esquerdo. O goleiro francês, desesperado, cai surpreendentemente fora do gol.

Brasil 5 x 2 Suécia

⚽ Os cinco gols no jogo final. Dois gols do oportunista Vavá, completando cruzamentos perfeitos do genial Garrincha; dois de Pelé, um após chapéu no adversário, e o outro de cabeça já no fim da partida; e um, na raça, do brilhante Zagallo.

Ao receber a Taça Jules Rimet, Bellini levanta o troféu acima da sua cabeça e imortaliza o gesto que, a partir daquele dia, seria repetido pelos capitães de todas as modalidades esportivas, mundo a fora.

A volta olímpica, muitos jogadores chorando e pulando de alegria.

1962

Brasil 2 x 0 México

⚽ Os dois gols na estreia contra o México. No primeiro, Pelé recebe a bola pela direita, no meio do campo, e inicia uma arrancada fulminante. Os adversários tentam derrubá-lo, puxam sua camisa, mas ele segue em frente e, entra na área, e solta um chute certeiro no canto esquerdo do lendário Carbajal.

No segundo gol, Pelé dribla, vai até a linha de fundo e, pela direita, cruza; Zagallo, na risca da pequena área, marca de peixinho. O inusitado desse lance é o senso de posicionamento do extraordinário Zagallo. Atuando como falso ponteiro esquerdo, com funções de armação e marcação, ele estava dentro da área como um verdadeiro centroavante, ocupando o espaço após o deslocamento estratégico de Vavá.

Brasil 2 x 1 Espanha

⚽ O jogo contra a Espanha reservou momentos extraordinários de emoção.

A Espanha abriu o placar aos 35 minutos do primeiro tempo e obrigou o Brasil a sair para o ataque. Apesar de ter tomado um gol ainda no primeiro tempo, Gylmar fez defesas espetaculares e evitou que a Espanha aumentasse o placar. Foi, segundo ele próprio, a melhor atuação de sua carreira.

Quando o jogo ainda estava 1 x 0 para os espanhóis, Nilton Santos cometeu falta dentro da área, ou seja, pênalti. Esperto, ele deu dois passos para frente, se colocou em cima da risca e levantou os braços. O juiz marcou falta fora da área.

Amarildo que substituía Pelé, machucado marcou os dois gols da virada. O segundo foi o mais emocionante pela jogada como um todo. Garrincha recebe a bola pela direita e é cercado pela marcação de dois espanhóis. Durante alguns segundos, que parecem minutos, ele dribla, volta, dribla de novo, volta, dribla... Parece que ele se diverte ao fazer os adversários de "João"; e nós, torcedores, atônicos, quase imploramos para ele cruzar a bola. De repente, ele cruza na cabeça de Amarildo, que nem precisa saltar e, com muita competência, marca o gol da vitória.

Brasil 3 x 1 Checoslováquia

Assim como acontecera na Suécia em 1958, o Brasil começou perdendo no jogo final. Os checos saíram na frente com um gol de Masopust, e coube mais uma vez ao Brasil virar o placar.

No primeiro gol brasileiro, Amarildo é lançado pela esquerda, o goleiro sai esperando o cruzamento e Amarildo acerta um chute seco entre o goleiro e a trave.

No segundo, Zito pega a bola no meio de campo, lança Amarildo pela esquerda e continua correndo. Amarildo vai até a linha de fundo, ameaça cruzar de esquerda, dá um corte para dentro e, de pé direito, levanta a bola no segundo pau, onde vem chegando Zito, que salta e de cabeça joga a bola para dentro do gol checo.

O terceiro gol, é fruto de uma virtude e oportunismo do leão Vavá. Era uma simples lateral, passada para Djalma Santos que de pé direito joga alta para dentro da área, na altura da marca de pênalti. O goleiro sai tranquilamente para defender. Vavá vem correndo em direção a bola alçada no ar, tropeça, cai, levanta, continua. O goleiro, atrapalhado pelo sol, deixa a bola escapar da sua mão. A bola bate uma só vez no chão e, antes de ela subir, Vavá, de bate pronto, empurra para dentro do gol. Puro oportunismo de um centroavante que acreditava sempre.

A volta olímpica da Seleção Brasileira.

Mauro Ramos de Oliveira repete o gesto de Bellini em 1958 e levanta a Taça Jules Rimet.

Somos Bicampeões do Mundo com uma geração que nos proporcionou muitos e inesquecíveis momentos de emoção!

Garrincha *foi o grande nome da Copa de 1962, reverenciado pelos torcedores e pela mídia. Ele foi decisivo em vários jogos. O grande mérito deste genial jogador foi ter assumido, a partir da contusão de Pelé, junto com Amarildo, a responsabilidade de marcar os gols. Se durante a Copa de 1958 ele procurou mais servir Vavá e Pelé para fazerem gols, na Copa de 1962, com a contusão do Rei, ele assumiu também esta responsabilidade e com surpreendente sucesso.*

No jogo contra a Espanha, ele foi decisivo como passador. Contra a Inglaterra e os donos da casa, Chile, ele foi decisivo, marcando três gols com características diferentes das que estávamos acostumados a ver. Um deles, um pelotaço de pé esquerdo, de fora da área. Outro, também de fora da área, de pé direito, um chute forte, de chapa, em curva que entrou no ângulo esquerdo do goleiro. E um inusitado gol de cabeça, em uma cobrança de escanteio.

A atuação de Garrincha no jogo contra a Inglaterra foi, sem dúvida, uma das maiores atuações deste gênio do futebol em toda sua carreira.

*Outro destaque da Seleção foi **Amarildo**, que substituiu Pelé com muita competência e eficiência, fazendo gols importantes contra a Espanha e na final contra a Checoslováquia.*

1970

Brasil 4 x 1 Checoslováquia

⚽ *No primeiro jogo, a Checoslováquia saiu na frente com um gol de Petras. O Brasil empatou em seguida com um gol de falta, na entrada da área, cobrada por Rivellino. Foi então que aconteceu um gol muito especial. Um lançamento de Gerson de 50 metros para o peito de Pelé, já dentro da área. Ele deixa a bola tocar no solo, duas vezes, e com o peito de pé direito, coloca no canto oposto do goleiro. Um lançamento fantástico e uma conclusão perfeita.*

Um chute de Pelé do meio do campo, pelo alto, que surpreende o goleiro Viktor e que, por pouco, sai pela linha de fundo.

E, ainda o quarto gol do Brasil, com Jairzinho driblando quase toda a defesa checa.

Brasil 1 x 0 Inglaterra

⚽ *Os goleiros protagonizaram duas defesas incríveis nesse jogo. Primeiro, Félix na cabeçada a queima roupa do inglês Francis Lee, quando o jogo ainda estava 0 x 0. Depois, a defesa monumental do goleiro Gordon Banks na cabeçada quase perfeita de Pelé. Esta defesa é tida por muitos como a maior defesa de todos os tempos.*

O gol do Brasil, que começa com uma série de dribles de Tostão com direito a uma bola entre as pernas de Bob Charlton, que passa para Pelé, com simplicidade, tocar de lado para Jairzinho, que por sua vez solta um pelotaço, estufando as redes do goleiro inglês.

Brasil 3 x 1 Uruguai

⚽ *O Brasil perdia por 1 x 0 até que, no fim do primeiro tempo, Clodoaldo marcou o gol de empate e deu tranquilidade para que iniciássemos o segundo tempo e chegássemos à vitória. Clodoaldo tocou para Tostão na esquerda e continuou* correndo. Tostão, com um passe milimétrico, colocou Corró na frente do gol, que de peito de pé chutou no canto esquerdo do goleiro uruguaio.

Um lance surpreendente, mágico e inesquecível. Pelé recebe um lançamento em profundidade, o goleiro Mazurkiewicz sai desesperado, Pelé aplica um jogo de corpo, deixando a bola passar e chuta. A bola caprichosamente sai pela linha de fundo.

O terceiro gol do Brasil contra o Uruguai, marcado por Rivellino, após uma ajeitada de Pelé, sacramentou o resultado final.

Brasil 4 x 1 Itália

⚽ No jogo em que conquistamos o Tricampeonato Mundial, todos os quatro gols brasileiros foram de intensas emoções.

O primeiro: da lateral, Rivellino lançou a bola alta na área e Pelé, subindo de cabeça, quase parando no ar, cabeceou para o canto esquerdo, do goleiro italiano.

O segundo, um corta-luz de Jairzinho e Gerson lança um pombo-sem-asa para dentro do gol italiano.

O terceiro, um lançamento perfeito, de 40 metros de Gerson, direto para a cabeça de Pelé, que toca para o meio para Jairzinho, errar o chute e assim, sem querer, enganar o goleiro italiano. A bola entra devagar, quase parando, na risca do gol.

O quarto é considerado um dos dez gols mais bonitos de todas as Copas do Mundo. Começa com uma sequência de dribles do Clodoaldo, ainda antes do meio do campo. Clodoaldo toca para Rivellino na esquerda, que estica a bola para Jairzinho, totalmente deslocado na ponta esquerda. O lateral Facchetti acompanha-o na marcação e deixa o lado esquerdo da defesa italiana totalmente aberto. Jairzinho lança no meio para Pelé, que, sem olhar, toca com carinho para Carlos Alberto, com um chute forte, estufar as redes do goleiro Albertosi.

Após o apito final, os mexicanos invadem o campo, carregam Pelé nas costas, e colocam em sua cabeça um sombreiro. Felizes ao extremo e ávidos por recordações, despem praticamente os jogadores brasileiros, levando seus calções, camisetas, chuteiras e meias.

Carlos Alberto recebe e levanta a Taça Jules Rimet, que passava a pertencer ao Brasil em definitivo. Alegria e emoção em todo Estádio Nacional do México e em todo o Brasil.

1994

Brasil 1 x 0 Estados Unidos

⚽ Após uma arrancada fulminante, Romário deixa Bebeto cara a cara com o goleiro Meola. O brasileiro toca a bola com categoria e muita precisão, sem muita força, colocada, no canto direito, fora do alcance do goleiro americano. A bola ao entrar bate do lado da rede, onde Meola havia deixado a garrafa d'agua, que pode ter servido como referência, para que Bebeto, instintivamente, direcionasse seu chute.

Brasil 3 x 2 Holanda

⚽ Provavelmente, o jogo mais emocionante da Copa de 1994. A Seleção abriu 2 x 0, cedeu o empate à Holanda e chegou à vitória com um gol inesquecível de Branco.

O primeiro gol do Brasil foi uma prova inquestionável da qualidade técnica de Romário. O lance começa com Bebeto, que cruza da esquerda para o meio da área, e Romário, de bate-pronto, de peito do pé, toca a bola indefensável para a meta holandesa.

Em seguida, Bebeto toca a bola em direção a área holandesa. Romário adiantado, mostra claramente que não vai participar do lance. Os defensores da Holanda param, esperando a marcação de impedimento, e deixam Bebeto entrar sozinho, driblar o goleiro e rolar a bola mansamente para dentro do gol. Na comemoração, Bebeto corre para a lateral e comemora homenageando seu filho que havia acabado de nascer.

Os holandeses empatam o jogo e pressionam o Brasil em busca da virada. Até que Branco arrisca uma arrancada pelo miolo e é derrubado. Falta contra a Holanda de uma meia distância. Branco solta um canhão, Romário tira o corpo para a bola passar e, assim, acaba enganando o goleiro holandês. A bola estufa e morre dentro da rede.

Brasil 1 x 0 Suécia

⚽ Após um cruzamento da direita, o Baixinho Romário sobe no segundo pau e, de cabeça, marca o gol da vitória que garante a passagem do Brasil para a final.

Brasil 0 x 0 Itália

⚽ O jogo final teve poucas chances de gol. Mauro Silva arrisca de fora da área e o goleiro italiano Pagliuca solta a bola, que bate na trave.

As maiores emoções ficaram para a disputa de pênaltis.

Em cobranças alternadas, o Brasil saiu na frente com Baresi chutando para fora. Romário, Branco e Dunga marcaram pelo Brasil. Albertini e Evani, pela Itália. Pagliuca defendeu o pênalti cobrado por Márcio Santos e Taffarel, o cobrado por Massaro. Sobrou para Baggio bater o quinto pênalti da Itália. O placar estava 3 x 2 para o Brasil. Silêncio total, adrenalina em alta. Ele corre, chuta e a bola sai pelo alto, para fora... Brasil Tetracampeão!

Os brasileiros, com bandeiras, correm e festejam pelo campo. Trazem um faixa homenageando o piloto Ayrton Senna, morto recentemente em um acidente em Ímola, na Itália.

Dunga recebe o troféu das mãos do vice-presidente dos Estados Unidos, Al Gore. Somos a primeira seleção tetracampeã do mundo!

2002

Brasil 2 x 1 Turquia

⚽ O primeiro jogo do Brasil na Copa de 2002 contra a Turquia não teve lances empolgantes. A emoção ficou para o gol da vitória, já no fim do jogo, em um pênalti muito bem cobrado por Rivaldo. O jogo estava 1 x 1 quando Luisão entrou no ataque. Lançado em profundidade, foi agarrado pelo zagueiro, fora da área. Ele continuou correndo, arrastando o zagueiro e desabou dentro da área. O juiz, de longe, indicou a marca de cal.

Brasil 2 x 0 Bélgica

⚽ Nas oitavas de final enfrentamos a Bélgica, que até então estava fazendo uma campanha modesta. Eles haviam empatado com a Tunísia e com o Japão, e ganhado da Rússia, esta sim, uma boa vitória. Contra o Brasil resolveram jogar tudo o que sabiam e muito mais. O emocionante deste jogo ficou pelas defesas estupendas do goleiro Marcos. Foram quatro defesas espetaculares, e todas elas quando ainda estava 0 x 0. Foi a melhor partida do goleiro brasileiro na Copa de 2002. Na final contra a Alemanha, ele faria mais duas defesas importantes e decisivas.

Vencemos a Bélgica por 2 x 0, com gols de Rivaldo e Ronaldo.

Brasil 2 x 1 Inglaterra

⚽ O jogo contra a Inglaterra nas quartas de finais reservou intensos momentos de emoção. Começamos perdendo de 1 x 0, gol de Owen, e era preciso empatar antes do final do primeiro tempo. Foi então que Ronaldinho Gaúcho saiu driblando pelo meio e passou para Rivaldo na entrada da área, que deixou a bola correr, e, de pé esquerdo, chutou forte no canto direito do goleiro inglês.

O segundo gol do Brasil, e da vitória, continua hoje sendo uma dúvida quanto a intenção real de Ronaldinho Gaúcho. Uma falta pela direita, na intermediária dos ingleses, que ele chuta em direção ao gol, o goleiro Seaman adianta-se esperando um cruzamento e a bola caprichosamente cai a suas costas, dentro do gol.

Em seguida, Ronaldinho Gaúcho comete uma falta que é interpretada como grave pelo juiz e recebe cartão vermelho. A partir daí, com um jogador a menos, e a Inglaterra pressionando para obter o empate, o jogo torna-se tremendamente emocionante até o fim. O Brasil vence por 2 x 1 e avança em direção à semifinal contra a Turquia.

Brasil 1 x 0 Turquia

⚽ Brasil enfrenta a Turquia pela semifinal. Os turcos armam uma retranca difícil de penetrar. O gol único e salvador de Ronaldo sai em uma jogada típica de futebol de salão. Ronaldo pressionado por quatro defensores turcos penetra na área pela esquerda, e de bico, sem que o goleiro esperasse, toca a bola fora de seu alcance, em seu canto esquerdo. Um dos gols mais especiais de todas as Copas, pela dificuldade que o Brasil enfrentava e pela solução que Ronaldo encontrou para chutar e marcar o gol.

No fim do jogo, ganhando de 1 x 0, o técnico Luiz Felipe Scolari fez entrar Denílson para segurar a bola no ataque e assim passar o tempo. E ele foi protagonista de um lance estratégico, inusitado e de muita alegria. Ao receber a bola no ataque, ele percebeu que o time todo estava na defesa. Ele então prendeu a bola, conduzindo-a até a lateral do campo, fazendo com que quatro defensores da Turquia o acompanhassem, sem que lhe tirassem a pelota.

O jogo contra a Turquia terminou 1 x 0. Estávamos de novo em uma final de Copa de Mundo. Agora contra a poderosa Alemanha do goleiro Kahn.

Brasil 2 x 0 Alemanha

O jogo final contra a Alemanha reservou as maiores emoções. Os dois gols do Ronaldo e duas defesas espetaculares do goleiro Marcos.

O jogo estava 0 x 0, e a Alemanha apertava. Estava melhor que o Brasil naquele momento. Foi quando aconteceu uma falta a meia distância da meta brasileira. O alemão Levine bateu forte, de peito de pé, no canto alto, à esquerda do goleiro Marcos, que se esticou todo, e de ponta de dedos tocou na bola. Ela ainda bateu na trave antes de sair. Uma defesa espetacular e decisiva. Logo em seguida saiu o primeiro gol do Brasil.

Ronaldo recupera a bola na entrada da área, toca para Rivaldo que, de pé esquerdo, chuta forte. O goleiro Kahn, considerado no dia anterior o melhor do mundo, tenta encaixar, mas solta a bola. Ronaldo que acompanhava o lance, oportunista, bate de chapa de pé direito, no canto esquerdo do goleiro alemão.

O segundo gol nasceu de uma escapada de Kléberson pela direita. Ele fecha em direção à área e toca para Rivaldo, que tira o corpo, enganando os adversários ao deixar a bola passar para Ronaldo. Ele ajeita e bate forte de chapa de pé direito, de novo, no canto esquerdo do goleiro Kahn. Estávamos próximos de nos tornarmos pentacampeões.

A segunda defesa também espetacular. O Brasil já ganhava de 2 x 0 e a Alemanha era só pressão. Estávamos já nos minutos finais. Não seria nada bom sofrermos um gol naquele momento, porque os alemães poderiam ainda ameaçar. A bola foi lançada na área brasileira e da altura da marca de pênalti, Bierhoff bate forte no canto esquerdo. Marcos se estica todo e de mão esquerda espalma para escanteio. Estávamos garantindo a vitória.

O juiz apita o fim do jogo e a alegria é geral. Os jogadores se abraçam e comemoram o pentacampeonato.

Cafu recebe a Taça em cima de um improvisado pedestal e a apresenta sorrindo a todos os presentes e, pela televisão, a todo o mundo.

Brasil – Pentacampeão!

Sumário

1	Abaete de Azevedo	29
2	Abram Szajman	29
3	Ademir da Guia	29
4	Adhemar Oliveira	30
5	Ado, Eduardo Roberto Stinghen ⭐	30
6	Adriana Falcão	30
7	Airton Pinto	31
8	Aldair Santos do Nascimento ⭐	31
9	Aleksandar Mandic	31
10	Alencar Burti	33
11	Alessandro Bomfim	33
12	Alex Aprile	34
13	Alexandre Costa	34
14	Alexi Portela	34
15	Alfredo Bonduki	35
16	Allan Kuwabara	35
17	Álvaro Petersen	35
18	Amarildo Tavares Silveira ⭐	37
19	Amir Somoggi	37
20	Ana del Mar	38
21	Anchieta Filho	38
22	André Rizek	38
23	Angelo Sebastião Zanini	39
24	Antero Greco	39
25	Antonio Carlos Corcione	41
26	Antônio Carlos da Silva	41
27	Antonio de Figueiredo Feitosa	42

28	*Antonio Grassi*	42
29	*Antonio Jacinto Matias*	42
30	*Antonio Leal*	43
31	*Antonio Scorza*	43
32	*Antonio Vidal*	43
33	*Armando Ferrentini*	45
34	*Armando Terribili Filho*	45
35	*Arnaldo Cezar Coelho*	46
36	*Arnaldo Hossepian Junior*	46
37	*Ary Graça*	47
38	*Baldocchi, José Guilherme* ★	47
39	*Bellini, Hideraldo Luiz* ★ *Depoimento da sua esposa Giselda Bellini*	47
40	*Beto Hora*	49
41	*Bob Wolfenson*	49
42	*Boni, José Bonifacio*	49
43	*Brito, Hércules Brito Ruas* ★	50
44	*Bruno Gouveia*	50
45	*Caio Gullane*	51
46	*Calixtrato Mendonça*	51
47	*Cao Hamburger*	51
48	*Carlos Alberto Pessôa*	53
49	*Carlos Alberto Torres* ★	53
50	*Carlos Arthur Nuzman*	54
51	*Carlos Bacci Júnior*	54
52	*Carlos Eduardo C. Maluf*	55
53	*Carlos Orione*	55
54	*Carlos Tilkian*	57
55	*Celso Ming*	57
56	*Celso Pereira*	57
57	*Celso Unzelte*	57
58	*César Gualdani*	58
59	*Chico Dada*	58
60	*Chico Lang*	59
61	*Claudio Carsughi*	59
62	*Claudio Lins*	62

63	Claudio Pacheco	62
64	Claudio Thompson	62
65	Cleber Machado	63
66	Cleiton Careta	63
67	Clodoaldo Tavares Santana ⭐	65
68	Clóvis Volpi	65
69	Coutinho, Antônio Wilson Vieira Honório ⭐	65
70	Cristiano Benassi	66
71	Cristina Fraga de Almeida	66
72	Dadá Maravilha ⭐, Dario José dos Santos	67
73	Daniel Adans Soares	67
74	Daniel Augusto Jr.	69
75	Danilo Santos de Miranda	69
76	Decio Clemente	69
77	Dino Sani ⭐	70
78	Dissica Valério Tomaz	70
79	Djalma Santos ⭐	71
80	Domingos Dragone	71
81	Domingos Lampariello Neto, o "Domingos Maracanã"	74
82	Doro Junior	74
83	Duile Pereira Santos	74
84	Ecivaldo Cavalcanti Pereira	75
85	Ednaldo Rodrigues Gomes	75
86	Edu, Jonas Eduardo Américo ⭐	75
87	Eduardo Carlezzo	77
88	Eduardo de Souza	77
89	Eduardo Gayotto	78
90	Eduardo Souza Aranha	78
91	Elcio Anibal de Lucca	78
92	Elza Soares, cantora, viúva de Garrincha ⭐	79
93	Elza Tsumori	79
94	Eraldo Montenegro	81
95	Erich Beting	81
96	Evandro de Barros Carvalho	82
97	Fabiana Justus	82

98	Fabio Borgonove	82
99	Fabio Camara	83
100	Fabio Mancurti	83
101	Fabio Mestriner	83
102	Felipe Rosa	85
103	Felippe Cardoso	85
104	Fernanda de Carvalho	86
105	Fernando Chacon	86
106	Fernando Mendes	86
107	Fernando Millaré	87
108	Fernando Sampaio	87
109	Flávio Carneiro	90
110	Flavio Faveco	90
111	Flavio Prado	91
112	Flávio "the Legendary" Álvaro	91
113	Francisco Alberto Madia de Souza	91
114	Francisco Novelletto Neto	93
115	Frank Alcântara	93
116	Franklin L. Feder	93
117	Frederico Paukoski Wilche	94
118	Gabriel o Pensador	94
119	Genaro Teixeira	94
120	Geraldo Barreto	95
121	Gérson de Oliveira Nunes ⭐	95
122	Gilmar Rinaldi ⭐	95
123	Gilson G. Novo	97
124	Gustavo Americano de Freitas	97
125	Gustavo Borges	98
126	Gylmar dos Santos Neves ⭐	98
127	Heinrich Epp	98
128	Heraldo Corrêa Ayrosa Galvão	99
129	Hiran Castello Branco	99
130	Ivan Jatobá	99
131	Ivan Lins	99
132	Jair da Costa ⭐	101

133	Jair Félix dos Santos Araújo	101
134	Jair Marinho de Oliveira ⭐	101
135	Jerson Fibra	102
136	João De Simoni Soderini Ferracciù	102
137	João Faria	103
138	João Henrique Areias	103
139	João Luiz dos Santos Moreira	105
140	João Nilson Zunino	105
141	João Pedro Simonsen	105
142	João Ricardo Cozac	105
143	João Scortecci	106
144	Jorge Araújo	106
145	Jorge Espanha	107
146	Jorge Narciso Caleiro Filho	107
147	Jorge Nasser	107
148	Jorginho, Jorge de Amorim Campos ⭐	109
149	José Alberto Aguilar Cortez	109
150	José Antônio Carlos	109
151	José Ayres Ribeiro de Vasconcelos	110
152	José Benfica	110
153	José Carlos Brunoro	110
154	José Fornos Rodrigues	111
155	José Jorge Farah Neto	111
156	José Messias Rodrigues	111
157	José Miranda de Azevedo	114
158	José Paulo de Andrade	114
159	José Ricardo Caldas e Almeida	114
160	José Roberto Torero	115
161	Jose Salibi Neto	115
162	José Silvério	115
163	JR Forlim	117
164	J. Roberto Whitaker Penteado	117
165	Juca Silveira	118
166	Juliana Gabriele Cardamone	118
167	Juliana Knust	119

168	Julio Cesar Rodrigo	119
169	Kadu Moliterno	122
170	Karine Pansa	122
171	Katia Rubio	122
172	Lamartine Posella	123
173	Lásaro do Carmo Jr.	123
174	Leandro	123
175	Lélio Teixeira	124
176	Levi Ceregato	124
177	Lincoln Seragini	124
178	Loureiro Neto	125
179	Luciano Amaral	125
180	Luciano Bivar	125
181	Luciano Kleiman	126
182	Lúcio de Castro	126
183	Luís Fernando Pozzi	127
184	Luis Fernando Verissimo	127
185	Luiz Ademar	127
186	Luiz Calanca	129
187	Luiz Carlos da Silva Pinheiro	129
188	Luiz Ferraz	129
189	Luiz Vital Bicoletto	130
190	Luiz Zanin	130
191	Luiza Helena Trajano	131
192	Mailson da Nobrega	131
193	Malcolm Forest	131
194	Manoel Gomes Lima	134
195	Marcello Cordeiro Sangiovanni	134
196	Marcelo Cocco Urtado	134
197	Marcelo Galvão	135
198	Marcelo Soares	135
199	Márcio Fonseca	135
200	Marco Antônio Eid	137
201	Marco Antonio Feliciano ★	138
202	Marco Aurelio Klein	138

203	Marco Malossi	139
204	Marcos Cintra	139
205	Marcos Rangel	139
206	Marcos Roberto Silveira Reis ★	142
207	Marcus Rodrigues	142
208	Mário Andrada	142
209	Mário Gobbi Filho	142
210	Mário Luiz Sarrubbo	143
211	Mario Marcos "Maraco" Girello	143
212	Mario Ruggiero	144
213	Mario Sergio Luz Moreira	144
214	Mario Vitor Rodrigues	145
215	Mario Xandó de Oliveira Neto	145
216	Matheus Minas	147
217	Mauricio Lima	147
218	Maurício Noriega	147
219	Mauro Carmelio S. Costa Junior	148
220	Mauro Silva ★	148
221	Mengálvio Pedro Figueiró ★	149
222	Michelle Giannella	149
223	Milly Lacombe	152
224	Milton Balerini	152
225	Milton Leite	152
226	Milton Neves	153
227	Mônica Maeda Valentin	153
228	Mustafá Contursi	153
229	Newton Pizzotti	154
230	Octávio Muniz	154
231	Orlando Duarte	155
232	Oscar Schmidt	155
233	Oswaldo Guimarães	157
234	Oswaldo Romano Junior	157
235	Otávio Marques de Azevedo	157
236	Ozires Silva	157
237	Paula Pequeno	158

238	Paulo Ariosto	158
239	Paulo Cesar Vasconcellos	159
240	Paulo Elias Correa Dantas	159
241	Paulo Garcia	161
242	Paulo Gaudencio	161
243	Paulo Martins	161
244	Paulo Nobre	161
245	Paulo Sergio Silvestre Nascimento ★	162
246	Paulo Skaf	162
247	Paulo Vizaco	163
248	Pedro Jorge Filho	163
249	Pedro Melo	163
250	Pedro Mesquita	163
251	Pedro Sotero de Albuquerque	165
252	Pepe, José Macia ★	165
253	Pelé, Edson Arantes do Nascimento ★	165
254	Peter Rodenbeck	166
255	Piazza, Wilson da Silva ★	166
256	Renata Falzoni	167
257	Renato F. Scolamieri	167
258	Renato Marsiglia	167
259	Renato Mauricio Prado	170
260	Renato Pera	170
261	Ricardo Almeida	171
262	Ricardo Assumpção	171
263	Ricardo de Mello Franco	171
264	Ricardo Mazzei	172
265	Ricardo Pomeranz	172
266	Ricardo Viveiros	172
267	Rick Rocha	172
268	Rinaldo José Martorelli	173
269	Rivelle Nunes	175
270	Roberto Duailibi	175
271	Roberto Miranda ★	175
272	Robson Fernandjes	176

273	Rodolfo Cetertick	176
274	Rodrigo Rodrigues	176
275	Roger Rocha Moreira	177
276	Ronaldão, Ronaldo Rodrigues de Jesus ★	177
277	Rubens Lopes	179
278	Rubens Viana da Silva	179
279	Salim Burihan	179
280	Saul Faingaus Bekin	180
281	Sebastião Daidone Neto	180
282	Serginho Chulapa	180
283	Sergio Aguiar	181
284	Sergio Junqueira Arantes	181
285	Sergio Pugliese	181
286	Silas Camargo	183
287	Silvio Luiz	183
288	Simão Lottenberg	183
289	Tadeu Jungle	184
290	Thiago Pereira	184
291	Tito Caloi	185
292	Valdir Corrêa	185
293	Vampeta, Marcos André Batista Santos ★	185
294	Victor Mirrshawka	187
295	Virna Dias	187
296	Vittorio Rullo Junior	188
297	Zagallo, Mário Jorge Lobo ★	188
298	Zeca Baleiro	189
299	Zeze Perrella	190
300	Zito, José Ely de Miranda ★	190

★ Depoente Campeão do Mundo

1

❝ Para mim, o lance mais marcante foi o quarto gol do Brasil contra a Itália em 70. Pelé para a bola na frente da área e toca magicamente à direita para a chegada na corrida de Carlos Alberto; um chute rasteiro, na diagonal, indefensável. Golaço que ficou na história internacional.
Lembro-me de estar em casa, em Porto Alegre, torcendo, e, depois do jogo, fomos comemorar na Rua da Praia, famosa na época, que equivalia à Rua Augusta de São Paulo.
Lance este tão marcante que outro dia em Londres um amigo inglês em lembrança espontânea me contou o mesmo em detalhes.

Bellini, Garrincha e Pelé.

Gylmar; Carlos Alberto, Bellini, Piazza e Everaldo; Clodoaldo, Gérson e Rivellino; Ronaldo, Garrincha e Pelé.

Mário Lobo Zagallo. ❞

Abaete de Azevedo, Presidente – CEO / Brasil e América Latina da RAPP Brasil

2

❝ São vários os momentos inesquecíveis: o gol de Clodoaldo contra o Uruguai, na Copa de 70; as fantásticas defesas de Taffarel, em 94; o gol de Bebeto, nessa mesma Copa, com a comemoração do embalo de seu filho; o gol de falta de Ronaldinho Gaúcho contra a Alemanha, em 2002; além da esperteza de Nilton Santos saindo da área, depois de cometer pênalti contra a Espanha, na Copa de 62.

No entanto, toda a final da Copa de 70 foi especial. O clima no estádio era vibrante; o embate entre duas seleções campeãs. O Brasil jogou maravilhosamente bem, e muitos momentos chamaram a atenção.
Eu destaco o lance do quarto gol do Brasil, que começou com uma série de dribles de Clodoaldo, no campo de defesa, passando por quatro italianos; o passe lateral para Rivellino, que lançou Jairzinho na lateral esquerda, em profundidade. O Furacão da Copa driblou para dentro e passou para Pelé no centro, que rolou despretensiosamente para Carlos Alberto, que veio pela direita com velocidade e 'fuzilou' o gol de Albertosi, encerrando a conta de um dos maiores jogos que já 'vi'.

Pelé, Garrincha, Romário e Ronaldo.

Gylmar; Djalma Santos, Mauro, Bellini e Nilton Santos; Clodoaldo, Didi e Rivellino; Garrincha, Pelé e Ronaldo.

Vicente Feola. ❞

Abram Szajman, presidente da Federação do Comércio de Bens, Serviços e Turismo do Estado de São Paulo – Fecomercio-SP

3

❝ A Seleção Brasileira que mais me marcou foi a que ganhou a Copa do México, em 1970. Eram vários jogadores extraordinários, e muitas jogadas estão até hoje na minha memória. Os gols de Jairzinho, o gol de Carlos Alberto Torres na final contra a Itália, o 'não gol' de Pelé após o drible da vaca no goleiro uruguaio Mazurkiewicz, o gol de Clodoaldo contra o Uruguai... A equipe jogou muito bem e passou por adversários difíceis até conquistar o título.

Pelé, Garrincha e Rivellino.

Marcos; Djalma Santos, Bellini, Zózimo e Nilton Santos; Clodoaldo, Gérson e Rivellino; Garrincha, Pelé e Jairzinho.

Luiz Felipe Scolari. 99

Ademir da Guia, *ex-jogador do Palmeiras e da Seleção Brasileira; jogou a Copa de 74*

66 *Eu tinha 14 anos em 1970 e ficava esperando ansiosamente chegar a hora de ver os jogos na TV. Com a chegada da transmissão a cores e em tempo real, assistir a uma Copa do Mundo virou um espetáculo. Fui um adolescente privilegiado por ter visto a Copa de 70 ao vivo. Era uma Seleção Brasileira que ninguém mais viu igual. Depois dela, todas as outras são menores.*

Pelé, Garrincha e Rivellino.

Gylmar; Carlos Alberto, Bellini, Mauro e Nilton Santos; Clodoaldo e Gérson; Garrincha, Pelé, Tostão e Rivellino.

Mário Lobo Zagallo. 99

Adhemar Oliveira, *diretor de programação do Grupo Espaço Itaú de Cinema*

66 *Não me esqueço quando Gérson marcou o gol de desempate, na decisão contra a Itália, em 1970, no México. Depois do lance, ele correu em direção ao banco de reservas e me abraçou. A gente ensaiava muito aquela jogada nos treinos, mas nem sempre ele conseguia fazer o gol. Foi muito emocionante. Ali, senti que, dificilmente, perderíamos o título.*

Pelé, nosso grande ídolo na época, era quem 'puxava' todo mundo nos treinos. Gérson, um líder de campo. E Carlos Alberto, nosso capitão.

O time da final da Copa de 70, mas comigo no gol. Porque pelo menos na minha seleção dos sonhos eu sou o titular! Ado; Carlos Alberto, Brito, Piazza e Everaldo; Clodoaldo, Gérson e Rivellino; Jairzinho, Tostão e Pelé.

Com todo respeito a Zagallo, mas meu técnico é João Saldanha. Foi ele quem convocou a seleção que seria campeã em 70. 99

Ado, Eduardo Roberto Stinghen , *Campeão pela Seleção Brasileira na Copa de 1970*

66 *A Copa de 70, primeiro Mundial a que assisti, com meus pais, irmãs, tios e primos, foi um acontecimento que nunca vou esquecer. Até hoje, sei a escalação do time decorada. Minha tia fez uma camisa igual à do Félix para mim, que eu usava em todos os jogos. Eu era apaixonada pelo Félix, pelo Rivellino e pelo Tostão. O gol que mais me marcou foi o de Clodoaldo - não me lembro em qual jogo - porque achei mágico um jogador de defesa fazer um gol. Saímos para comemorar o Tricampeonato numa Kombi que o meu pai tinha, cantando e gritando. Como eu fui feliz!*

Garrincha, Pelé e Romário.

Félix; Carlos Alberto, Brito, Piazza e Everaldo; Clodoaldo, Gérson e Rivellino; Jairzinho, Tostão e Pelé.

Mário Lobo Zagallo.

Se eu pudesse acrescentar Mané Garrincha à escalação, o sonho estaria realizado. E quem eu desescalaria? Botamos o meu amado Tostão no banco só um pouquinho?

Adriana Falcão, escritora e roteirista

7

" *Para mim, que nasci em 1966, a Copa de 94 foi inesquecível. Há muito tempo que o Brasil não era campeão; eu era muito jovem na Copa de 70. Ver os estádios cheios nos EUA, um país sem tradição de futebol, era uma cena muito legal de se ver.*
Com um futebol extremante eficiente e um grupo unido, liderado pelo craque Romário, a Seleção Brasileira conquistou o quarto título mundial ao bater a Itália nos pênaltis. A vitória do Brasil foi comemorada também como uma homenagem ao Tricampeão Mundial de Fórmula 1, Ayrton Senna, morto em 1º de maio do mesmo ano, num acidente em Ímola, na Itália.

Pelé, Romário e Cafu.

Gylmar; Cafu, Djalma Santos, Mauro e Roberto Carlos; Clodoaldo, Tostão e Rivellino; Garrincha, Pelé e Romário.

Luiz Felipe Scolari. "

Airton Pinto, Hitachi Data Systems Country Manager

8

" *Foram vários os lances que me marcaram na Copa que participei, como o gol de falta de Branco, nas quartas de final contra a Holanda, ou o gol de cabeça de Romário, na semifinal contra Suécia – gols que decidiram aquelas partidas.*

Mas o grande momento do Mundial foi, sem dúvida, quando levantei a Taça de campeão. A gente festejou muito no campo depois do apito final. Até chegar a hora de receber a Taça, passa um filme da sua vida na cabeça. Você pensa na família, nos amigos, em todos os brasileiros que torceram pela Seleção. Pegar na Taça é uma sensação de dever cumprido.

Romário, Ronaldo e Pelé.

Taffarel; Carlos Alberto, Bellini, Márcio Santos e Nilton Santos; Clodoaldo, Rivellino e Rivaldo; Pelé, Ronaldo e Romário.

Carlos Alberto Parreira. "

Aldair Santos do Nascimento , *Campeão pela Seleção Brasileira na Copa de 1994*

9

" *Confesso. Nunca fui um torcedor fanático. Futebol, para mim, sempre foi aquele esporte que passava durante o happy hour. A Copa do Mundo, por outro lado, é um evento extremamente interessante. Mas, enquanto todos param o expediente para ver os jogos da Seleção, eu continuo trabalhando. Sempre fui assim, e era exatamente isso o que eu estava fazendo num atípico domingo de 1994, na final Brasil x Itália.*
As horas passaram bem mais lentas do que o normal naquele dia. Durante o jogo, os fogos foram diminuindo e, o que parecia ótimo no início, se tornou frustrante. A falta de barulho tirou minha concentração. Pouco tempo depois, descobri o que tinha acontecido: um placar de 0 x 0. A partida seria definida nos pênaltis. Está aí uma coisa que eu adoro no futebol: o pênalti. Em nenhum esporte se tem uma decisão tão emocionante quanto o futebol tem com o pênalti. Fico imaginando o jogador pensando com toda aquela responsabilidade em seus pés.

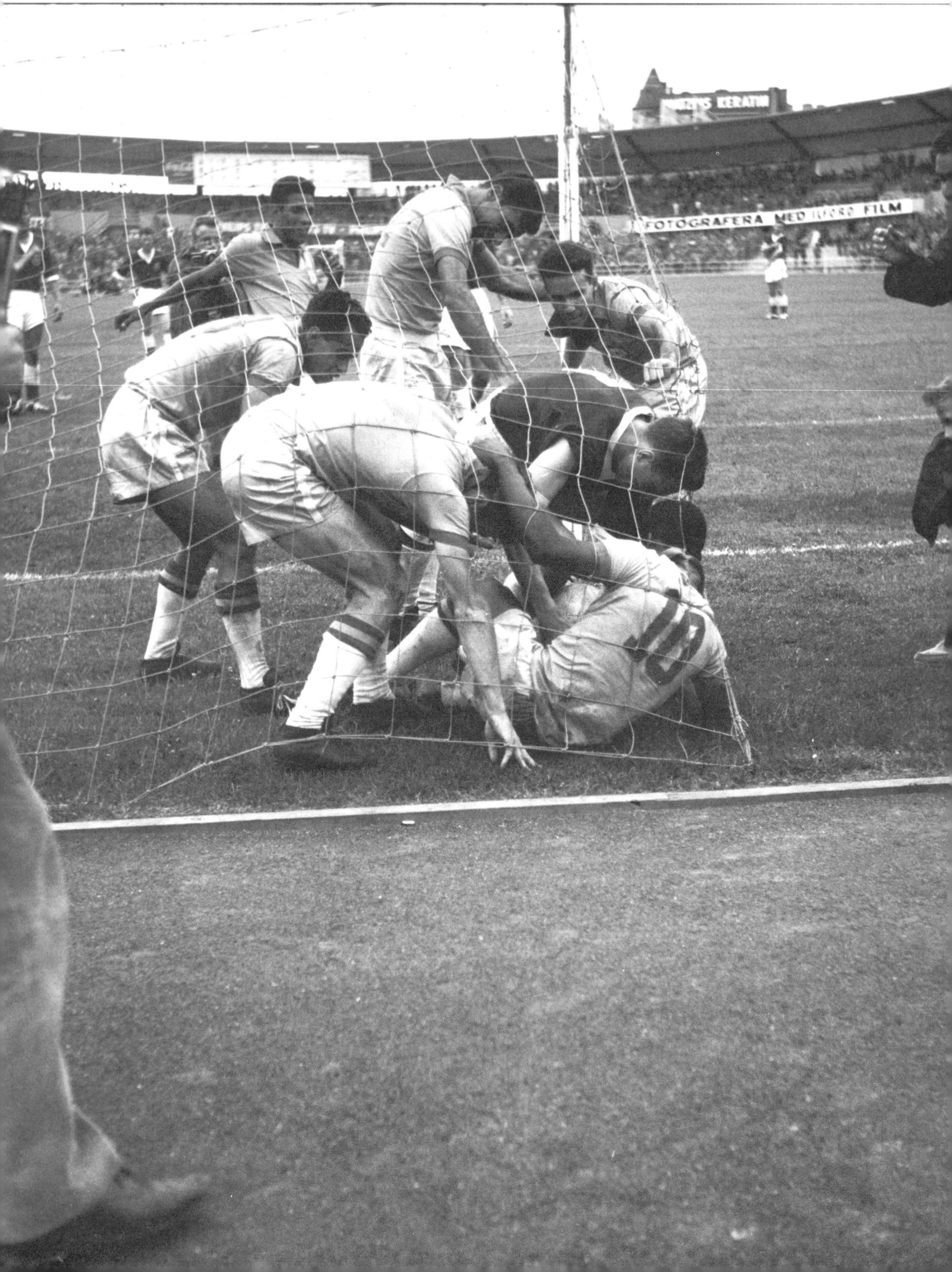
KERATIN
FOTOGRAFERA MED ILFORD FILM

Parei de trabalhar e desci correndo para o bar mais próximo do escritório. Cheguei ainda no intervalo antes do início dos pênaltis. Havia uma tensão enorme no rosto das pessoas.

Lembro-me muito bem de que, no primeiro pênalti, cobrado pela Itália, surgiu o primeiro grito que eu dei num jogo de futebol desde que era criança. A bola tinha ido para fora, pelo lado esquerdo do gol. No segundo, a frustração: uma defesa do goleiro italiano. Foram mais dois gols convertidos pela Itália e pelo Brasil. O coração já tinha passado de um samba para alguma forma de batucada nada agradável. Foi aí que Taffarel defendeu uma cobrança dos italianos e o capitão Dunga marcou o seu. O campeonato podia acabar na cobrança seguinte, de Baggio. Aqueles passos para trás pareciam uma eternidade, mas não foram nada além de segundos. O atacante correu para a bola e, como mágica, chutou para fora. O Brasil era Tetracampeão Mundial. Era o mundo parando para nos reverenciar, e nós, para comemorar.

Até hoje, quando vejo uma Copa, espero ter aquela mesma emoção que tive em 1994. Foi uma vitória à brasileira: suada, sofrida e conquistada até o fim.

Ronaldo, Pelé e Garrincha.

Taffarel, Jorginho, Aldair, Márcio Santos e Branco; Dunga, Mauro Silva, Mazinho e Zinho; Bebeto e Romário.

Carlos Alberto Parreira. 🙶

Aleksandar Mandic, *empresário e escritor*

10

🙶 *Sem dúvida alguma, o primeiro gol de Pelé na final da Copa de 58, quando levantamos pela primeira vez a Taça de campeões mundiais. Ainda amargávamos a derrota para o Uruguai, em 1950, e estávamos diante da poderosa Suécia — que já tinha deixado para trás México, Hungria, União Soviética e Alemanha (então, campeã). Além disso, nossos craques jogavam de azul (alguns diziam que era o manto de Nossa Senhora).*

No entanto, a Seleção não permanecia muito ligada às adversidades e estava invicta. A sintonia era outra; a motivação, trazer o 'caneco'. E isso nos contagiou. O domínio de bola, a criatividade, a garra e a velocidade suplantaram os fantasmas de 1950. E um mineiro de 17 anos mostrou que estava pronto para ser rei: marcou um gol magistral, com direito a 'chapéu' dentro da grande área, fazendo-nos explodir de alegria e confiança num Brasil realmente melhor.

Vivíamos a euforia dos '50 anos em 5', nosso boom econômico, a inauguração oficial do Palácio da Alvorada, em Brasília, pelo Presidente JK, a inserção do Brasil no processo mundial de industrialização. Vencer a Copa do Mundo foi o coroamento de toda essa revolução. O fantasma voltava de vez para o seu devido lugar.

Gylmar, Pelé e Gérson.

Gylmar; Djalma Santos, Bellini, Orlando e Nilton Santos; Zito e Didi; Garrincha, Vavá Pelé e Zagallo

Vicente Feola. 🙶

Alencar Burti, *empresário e presidente do Sebrae-SP*

11

🙶 *O gol de Branco de falta contra a Holanda, na vitória por 3 x 2, na Copa de 94. Nesse lance, Romário se curva todo para a bola não bater nele, atitude crucial para o gol acontecer e garantir a vitória do Brasil.*

Aquele lance realmente mexeu comigo. Eu estava em Recife e assisti ao jogo com alguns amigos.

Pelé é hors-concours. Das Copas que acompanhei, escolho: Taffarel, Romário e Ronaldo.

Taffarel; Cafu, Aldair, Roque Júnior e Roberto Carlos; Edmilson, Gilberto Silva e Kléberson; Rivaldo, Bebeto e Romário.

Luiz Felipe Scolari. ,,

Alessandro Bomfim, *sócio-fundador da Axis e da Saga*

12

,, *Roberto Baggio errando o pênalti na final da Copa de 94. Assisti ao jogo na casa de um amigo. Sem dúvida, uma emoção muito grande, pois era o primeiro título de Copa da Seleção Brasileira que eu acompanhei.*

Pelé, Garrincha e Ronaldo.

Marcos; Cafu, Djalma Santos, Márcio Santos e Roberto Carlos; Zito, Gérson e Didi; Pelé, Ronaldo e Romário.

Carlos Alberto Parreira. ,,

Alex Aprile, *treinador de handebol do Esporte Clube Pinheiros*

13

,, *Em 2002, o segundo gol de Ronaldo na final contra a Alemanha foi algo que me marcará para sempre. Desde todo o brilhantismo da jogada até o significado que ela representou: o gol, a vitória, o título, o renascimento do Fenômeno, a superação da Seleção Brasileira e a alegria do povo. A volta de Ronaldo, naquele ano, foi algo surpreendente até para o mais otimista dos torcedores. Era o retorno do Fenômeno ao campo – logo com a camisa da Seleção – com um encanto que todos já conheciam e que, mesmo assim, não deixou de ser incrível.*

Pelé, Cafu e Ronaldo.

Marcos; Cafu, Lúcio, Bellini e Nilton Santos; Dunga, Gérson e Rivaldo; Pelé, Ronaldo e Garrincha.

Mário Lobo Zagallo. ,,

Alexandre Costa, *presidente da Cacau Show*

14

,, *O gol de Clodoaldo contra o Uruguai, em 1970, no último minuto do primeiro tempo. Era a semifinal da Copa, e o Brasil estava perdendo de 1 x 0. Aquele gol deu início à reação da Seleção, que virou o jogo no segundo tempo para 3 x 1 e partiu confiante para a final contra a Itália. Eu tinha 12 anos na época.*

Rivaldo, Gérson e Rivellino.

Félix; Carlos Alberto, Brito, Piazza e Everaldo; Clodoaldo, Gérson e Rivellino; Jairzinho, Tostão e Pelé.

Mário Lobo Zagallo. ,,

Alexi Portela, *presidente do Esporte Clube Vitória*

15

" *A Copa de 70 foi a mais marcante, disparada. Aquela Seleção ganhou com um futebol-arte, com talento puro, e projetou o futebol do Brasil como o melhor do mundo. E o último gol da final contra a Itália coroou uma performance maravilhosa. É uma jogada incrível. A bola passa por quase todos os jogadores até chegar a Pelé, que olha para o lado e dá um toque com toda a tranquilidade para Carlos Alberto Torres fazer o gol. Era o time dizendo: '— Nós somos os donos disso aqui!'*

Pelé, Rivellino e Ronaldo.

Gylmar; Carlos Alberto, Lúcio, Roque Júnior e Nilton Santos; Zito, Gérson e Rivellino; Garrincha, Ronaldo e Pelé.

Luiz Felipe Scolari. "

Alfredo Bonduki, presidente do Sindicato das Indústrias de Fiação e Tecelagem do Estado de São Paulo — Sinditêxtil-SP

16

" *O lance que mais me marcou foi na final do Pentacampeonato, quando Ronaldo marcou o primeiro gol do Brasil. Muito emocionante. Lembro-me de que acordamos cedo; meus irmãos e eu estávamos em casa e comemoramos demais naquele momento. Havia um sentimento de união mútua, que se tornou uma lembrança muito agradável.*

Pelé, Romário e Ronaldo.

Taffarel; Djalma Santos, Aldair, Branco e Roberto Carlos; Dunga, Rivaldo, Ronaldinho Gaúcho; Garrincha, Pelé e Ronaldo.

Luiz Felipe Scolari. "

Allan Kuwabara, judoca do Esporte Clube Pinheiros e da Seleção Brasileira

17

" *Era 1970. Eu tinha lá meus 11 anos, e acho que foi a primeira vez que queria muito usar a camisa da Seleção Brasileira, que não era fácil de achar. Vivíamos um momento político especial. Com o Tricampeonato, o orgulho de ser brasileiro — usar verde e amarelo — veio de uma forma muito legítima e verdadeira, assim como foi o futebol apresentado por aquela Seleção! Muitos lances geniais ficaram gravados como símbolos e referências em minha memória. Mas, com certeza, o gol de Carlos Alberto foi o mais simbólico; com um passe aveludado de Pelé, um petardo que estufou as redes sem a bola tocar no chão, definindo a vitória. O Brasil consagrava-se Tricampeão do mundo. Um lance que, vendo em câmera lenta, parece uma assinatura. A inteligência e a calma de um gênio como Pelé colocando Carlos Alberto, o jogador, a bola e a rede numa reta perfeita e absoluta; e tudo flutuando no ar. Assim como ficou a nossa cabeça, no ar, no grito de Tricampeão. Acreditei na força do Brasil!*

Pelé, Garrincha e Romário.

Taffarel; Carlos Alberto, Brito, Piazza e Roberto Carlos; Clodoaldo, Gérson e Rivellino; Jairzinho, Vavá e Pelé.

Mário Lobo Zagallo. "

Álvaro Petersen, ator, compositor e músico

18

❝ O momento mais marcante foi minha estreia na Copa de 62. Naquela partida, estava em jogo a continuação de somente uma seleção na competição: Brasil ou Espanha. Ou nós, ou eles. Eu teria que ter um desempenho muito importante, pois estava substituindo ninguém menos do que Pelé, o Insubstituível. Quando Pelé se machucou no jogo contra a Checoslováquia, o Brasil inteiro chorou. Ninguém fazia fé em seu substituto. Minha estreia era um risco, uma responsabilidade enorme. Se falhasse, seria um fracasso não só para o Brasil, mas também para minha carreira. Se não ganhássemos, o que seria de mim? Antes da partida, Pelé chegou e me disse: '— Não se preocupe, rapaz. Se você está aqui, é porque merece. Jogue como se estivesse jogando no Botafogo'. E foi o que fiz. Já estava entrosado com Garrincha, Didi e Zagallo, e meu jogo se encaixava também com o de Vavá. Joguei sem dificuldade, sem sacrifício. A Espanha era cotada como a favorita e não acreditava no Brasil sem Pelé. Eles entraram em campo como se já tivessem ganhado o jogo, com uma fúria tremenda. O início foi dramático. Começamos perdendo de 1 x 0. Depois de um primeiro tempo horrível, jogamos nosso futebol. Fiz os dois gols de uma virada impressionante. Com a vitória, estava quase selado o campeonato. É como se tivéssemos jogado o título.
Se eu não tivesse feito aqueles gols, minha história seria outra. Tive sorte. Era um garoto de 22 anos; na época, não dei importância à responsabilidade que tive. Só com o passar do tempo que realmente entendi o que aconteceu. Nasci para jogar futebol. Sempre joguei com dignidade, amor e vontade. Dava muito valor à minha carreira, procurava dar o máximo para progredir. Quando Mauro levantou a Taça de Campeão, tremi. Ali, senti que era uma Copa ganha com sangue. Foi a maior honra que tive na minha carreira.

Garrincha, Pelé e Amarildo – pois minha missão era quase impossível, eu substitui o Insubstituível!

Gylmar; Djalma Santos, Bellini, Zózimo e Nilton Santos; Zito, Didi e Zagallo; Garrincha, Vavá e Pelé.

Vicente Feola. ❞

Amarildo Tavares Silveira , o "Possesso", Campeão com a Seleção Brasileira na Copa de 1962

19

❝ Embora seja um apaixonado pelas Copas do Mundo e tenha visto e revisto todos os principais lances dos Mundiais em que o Brasil se sagrou campeão, para mim, o lance mais emocionante foi o último gol de Ronaldo Fenômeno na Copa de 2002, quando conquistamos o Pentacampeonato. Esse lance nem de longe é o mais bonito, mais difícil ou com mais arte, mas decretou o ressurgimento de um ídolo nacional depois de tanto sofrimento. Sem dúvida, aquele gol mostra como a força de vontade e a perseverança de Ronaldo foram decisivas naquela Copa, e servem de inspiração para todos nós.
Além disso, pessoalmente, iniciava minha carreira como consultor e sabia que a ascensão do Brasil no cenário global seria também importante para minha trajetória profissional - o que realmente se confirmou.

Pelé, Garrincha, Romário e Ronaldo.

Gylmar; Djalma Santos, Bellini, Orlando e Nilton Santos; Zito, Clodoaldo e Didi; Garrincha, Tostão e Pelé.

Luiz Felipe Scolari. ❞

Amir Somoggi, consultor, professor e palestrante de Marketing e Gestão Esportiva

20

" A final da Copa de 94 foi inesquecível. Eu tinha 18 anos e estava na Argentina, em um passeio promovido pelo colégio onde estudava; era minha primeira viagem internacional sem meus pais. No dia da final, instalaram um telão dentro do hotel com o intuito de nos proteger da possível 'fúria' argentina e nos deram a instrução de torcer baixinho, pois os funcionários do hotel também eram argentinos. Foram 90 minutos frustrantes. Quando o Brasil foi para a disputa de pênaltis, não aguentei: com mais alguns amigos, pulamos a janela de um lavabo do hotel e fomos para as ruas. Mesmo torcendo calados em meio à multidão de argentinos, aquela vitória teve um sabor bem especial!
Na manhã seguinte, a equipe do colégio nos advertiu e disse que pensava em nos proibir de sair naquele dia, como castigo. No meio da bronca, um dos professores teve um acesso de riso ao imaginar a cena de nós pulando a janela, nos deu os parabéns pela criatividade, e tudo ficou bem.

Pelé, Bebeto e Taffarel.

Taffarel; Jorginho, Aldair, Márcio Santos e Branco; Dunga, Mauro Silva, Mazinho e Zinho; Bebeto e Romário.

Carlos Alberto Parreira. "

Ana del Mar, publicitária

21

" Gosto muito de futebol e vi muitas vitórias e derrotas da Seleção Brasileira. A perda de 1982 foi, com certeza, a mais doída. Em compensação, houve grande festa em 1994; um título conquistado de forma dramática, nos pênaltis, depois daquela final em que o Brasil perdeu alguns gols contra a Itália. Na volta da Seleção campeã, o périplo dos jogadores desfilou em carreata por grandes cidades do País; Romário, agitando a bandeira do Brasil. A Seleção não era campeã desde 1970; foi minha primeira grande emoção como torcedor.

Garrincha, Pelé e Ronaldo.

Taffarel; Cafu, Brito, Piazza e Nilton Santos; Clodoaldo, Gérson e Pelé; Garrincha, Ronaldo e Zagallo.

Luiz Felipe Scolari.

Anchieta Filho, repórter da Rádio Jovem Pan

22

" Descobri que gostava tanto da Seleção da pior maneira possível. Eu trabalhava como repórter do jornal Lance!, aos 23 anos de idade, na Copa da França, em 1998. Assistir ao Brasil perder daquela maneira – mais o desespero de não saber o que tinha acontecido com o principal jogador do time antes do jogo – me levou às lágrimas em plena tribuna de imprensa. Foi ridículo, mas eu chorei feito um menino.
Quatro anos depois, chegava uma Copa bem diferente para o time de Ronaldo – e para mim também. Eu havia sido contratado para trabalhar na editora Abril como editor da revista Placar, com circulação semanal em 2002. Iria ao Japão e à Coreia se, diante de uma grave crise cambial, a empresa não tivesse fechado algumas revistas, entre elas a famosa publicação de futebol. Acabei transferido para a Playboy; nada mal. Poucos jornalistas da imprensa brasileira foram enviados para o outro lado do mundo. Afinal, era caro cobrir aquela Copa. E todo

mundo sabia que o time de Felipão não chegaria a lugar algum... Seria um milagre ver Ronaldo, baleado dos dois joelhões, entrar em campo dignamente; quanto mais decidir um Mundial! Eu mesmo havia escrito, várias vezes, que Felipão estava apostando em um 'ex-jogador'.
O milagre foi acontecendo jogo a jogo. E ali entendemos que jamais poderíamos duvidar de Ronaldo, o cara que mais renasceu na história do futebol. Eu, por não ter ido à Copa, comecei a namorar uma colega jornalista aqui no Brasil. O dia de Brasil x Alemanha foi a prova de fogo para o relacionamento; foi também a minha apresentação aos amigos dela, algo tão tenso quanto final de Copa. Aquelas pessoas que eu mal conhecia e abracei como irmãos após o segundo o gol de Ronaldo — com Tim Maia (A Fim de Voltar) na caixa de som e muita cachaça na cabeça — viraram meus amigos para o resto da vida. E a moça, bem... A história terminou em casamento. Hoje, tenho certeza: foi tudo graças ao Ronaldo!

Garrincha, Romário e Ronaldo.

Gylmar; Carlos Alberto, Aldair, Bellini e Nilton Santos; Zito, Didi, Garrincha e Pelé; Ronaldo e Romário.

Mário Lobo Zagallo. 99

André Rizek, *jornalista e comentarista de esportes no SportTV*

23

66 Lembro-me sempre do sensacional gol de Branco (de falta) contra a Holanda, na Copa de 94, que garantiu a vitória do Brasil por 3 x 2, e levou a Seleção às semifinais. Foi um gol que fez a diferença na classificação: um momento difícil, tenso, sob pressão. Branco conseguiu concentrar-se e fazer o melhor, sem intimidação. Foi um momento de superação.

Pelé, Romário e Branco.

Taffarel; Carlos Alberto, Lúcio, Nilton Santos e Branco; Zito, Gérson e Pelé; Garrincha, Romário e Ronaldo.

Mário Lobo Zagallo. 99

Angelo Sebastião Zanini, *diretor da Faculdade de Tecnologia e Ciências Exatas da Universidade São Judas Tadeu*

24

66 A primeira conquista da Seleção de que me lembro foi a de 1962. Eu era bem garotinho e tenho a recordação de que gritava '— Gol do Brasil!', vibrava com os fogos, mas sem muita noção do que aquilo significava. Voltava logo para bater minha bolinha com a turma da Rua Tenente Pena, no bairro paulistano do Bom Retiro.
Imagem forte, contudo, foi a da final de 70, quando Pelé serve Carlos Alberto Torres para o quarto gol contra a Itália. Ali, a conquista do Tri e a posse definitiva da Taça Jules Rimet estavam garantidas. Era o auge de uma das campanhas mais bonitas de qualquer equipe; a consagração de um grupo extraordinário de jogadores, craques e mitos até hoje.
Fiquei feliz, mas não muito, por dois motivos. O primeiro, e mais forte para mim, era minha origem. Sou filho de italianos. Os tios, os nonnos e a maioria dos primos são da Itália. Sou ítalo-brasileiro de primeira geração e não me senti à vontade para explodir no momento decisivo do Mundial do México. Acompanhava o jogo com meus pais, primos, os tios Giuseppe e Tommaso, este dono da casa, na Rua Matheus Grou, no bairro de Pinheiros. Via a tristeza nos olhos dos velhos, a angústia da mamma, sempre ligadíssima em futebol, apesar de que, até hoje, ela não entende nada

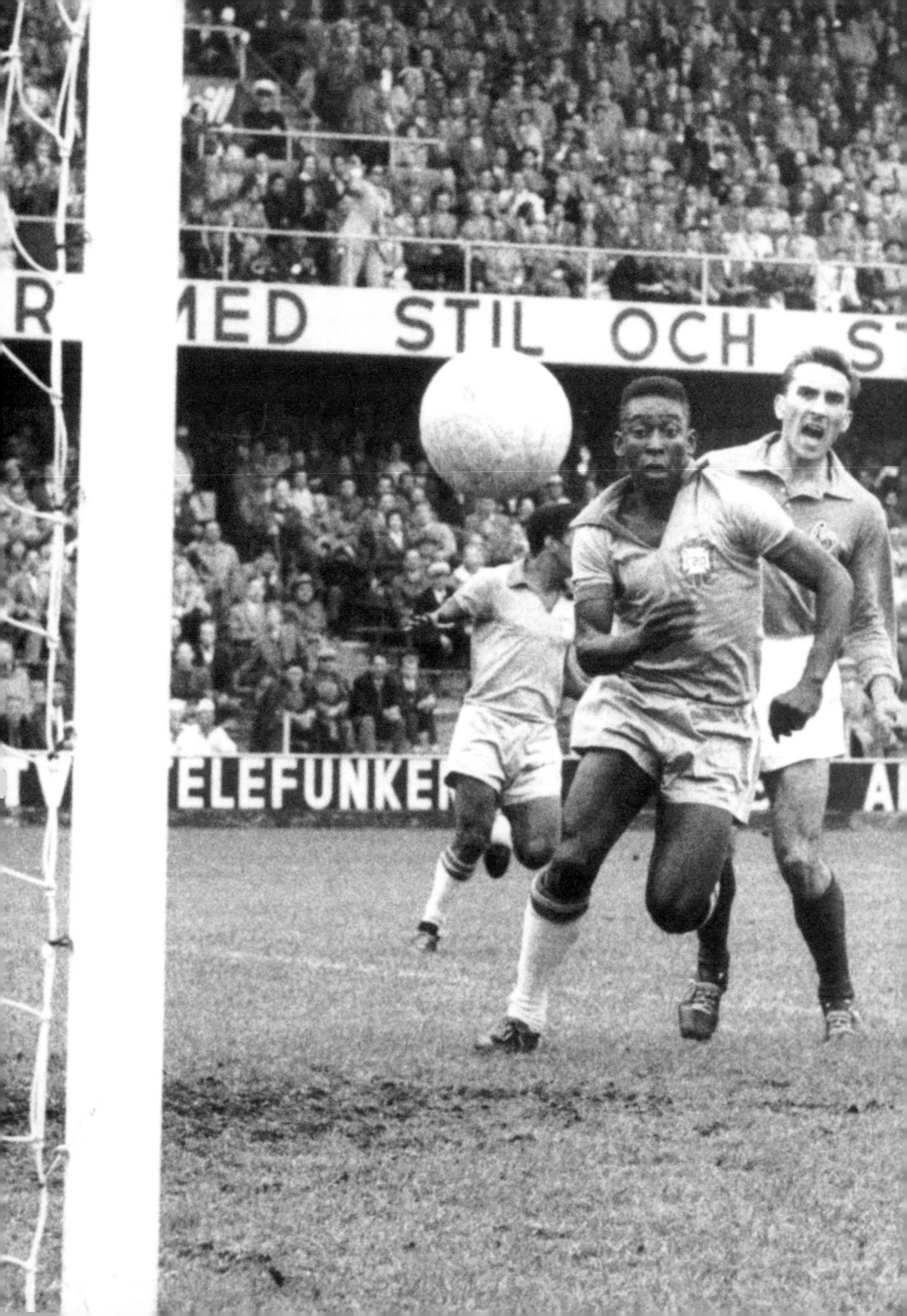
MED STIL OCH
ELEFUNKEN

do que acontece em campo; só se preocupa em saber se tem 'gol nosso'. Eu não tinha mesmo como exultar, sair à rua e entrar no carnaval e no buzinaço.
A segunda razão era de ordem política. Adolescente, no segundo ano do antigo Científico, já acompanhava o noticiário e me informava do momento político do País na época. Acabei segurando um pouco a empolgação. Mas o Tri continua a ser inesquecível.

Mané Garrincha, o astro do Bicampeonato, o craque das 'pernas tortas'. Pelé, o Rei, o maior astro da bola - ele subindo de cabeça, no primeiro gol do Brasil contra a Itália, na final no Estádio Azteca, é uma obra-
-prima que deveria estar na capela Sistina, assinada por Michelangelo. Rivaldo, um ídolo com menos reconhecimento do que merece. Foi estupendo em 2002, o nome do Pentacampeonato.

O garboso Gylmar; o eterno Djalma Santos, o estiloso Bellini, o bravo Mauro e o enciclopédico Nilton Santos; o incansável Zito, o milimétrico Gérson e o artesão Rivaldo; o incontrolável Garrincha, o minimalista Romário e o deus Pelé.

Vicente Feola. 99

Antero Greco, colunista de O Estado de S.Paulo e comentarista dos canais ESPN

nasceu de um gol de Amarildo, substituto de Pelé. Não vi o lance; simplesmente, o vivi. Encostado no Marco Zero, na Praça da Sé, pude 'assistir' ao gol por um 'telão' ali instalado pela Rádio Bandeirantes. O tal 'telão' era feito de lâmpadas coloridas, que acendiam em sequência, como se marcassem a trajetória da bola, à medida que o narrador – se não me engano, Fiori Giglioti – transmitia os lances. Como vibrei na hora em que a luz acendeu mostrando que o Brasil tinha marcado um gol na Espanha! Porém, considero que o momento mais emocionante da história dos Mundiais foi a disputa de pênaltis na final contra a Itália em 94. Uma decisão por pênaltis é, sem dúvida, o momento mais nervoso de uma competição. É quando nos colocamos, literalmente, de costas para o campo, olhamos com o canto dos olhos, quase sem querer ver, torcendo para o gol acontecer, se nosso; ou perder, se deles. E assim foi com Baggio!

Pelé, Nilton Santos e Ronaldo.

Gylmar; Djalma Santos, Bellini, Aldair e Nilton Santos; Gérson, Rivaldo e Zagallo; Garrincha, Ronaldo e Pelé.

Carlos Alberto Parreira. 99

Antonio Carlos Corcione, consultor e administrador esportivo

25

66 Jamais conseguirei esquecer. Com 10 anos de idade, ainda sem entender muito bem, acompanhei a final da Copa de 58. Estávamos reunidos na cozinha da casa de amigos de meus pais, ao lado de um panelão de feijoada, escutando atentos um rádio milimetricamente colocado sobre o refrigerador, e vibramos muito com os gols de Vavá contra a Suécia. Outro momento mágico, na Copa seguinte,

26

66 Copa de 70, no México, jogo das semifinais: Brasil x Uruguai, realizado em 17 de junho, no estádio Jalisco, em Guadalajara. O Brasil perdia por 1 x 0, gol de Cubilla; a partida estava difícil. Eu tinha em mente a lembrança do Maracanã, na Copa de 50, aquela derrota na final, que sempre li e ouvi a respeito. Eu estava nervoso. Quando, no

final do primeiro tempo, Clodoaldo empatou, explodi de alegria... Aí veio o segundo tempo, e a partida continuou bem difícil; porém, com os gols de Jairzinho e Rivellino, fomos à final contra a Itália e conquistamos o título.

Pelé, Garrincha e Ronaldo.

Gylmar; Carlos Alberto, Bellini, Mauro e Nilton Santos; Clodoaldo, Didi e Gérson; Garrincha, Ronaldo e Pelé.

Luiz Felipe Scolari.

Antônio Carlos da Silva, empresário e Prefeito de Caraguatatuba, SP

27

" Ouvi pela Rádio Bandeirantes, em 19 de junho de 1958, em Marabá Paulista, SP, com a narração de Pedro Luiz e Edson Leite, o gol de Pelé contra o País de Gales, que deu a vitória ao Brasil por 1 x 0. Pelé recebeu a bola no peito e, sem deixá-la cair no chão, aplicou um drible curtíssimo em seu marcador e girou de primeira, para marcar o único gol do jogo, no canto direito do goleiro Kelsey. Foi um lance marcante por eu ser uma criança de 12 anos que adorava futebol e ser a primeira vez que ouvia uma transmissão de Copa do Mundo, longe dos olhares do meu pai, que não gostava muito desse esporte.

Pelé, Garrincha, Romário e Ronaldo.

Gylmar; Carlos Alberto, Mauro, Orlando e Nilton Santos; Zito, Gérson e Rivellino; Jairzinho, Tostão e Pelé.

Mário Lobo Zagallo. "

Antonio de Figueiredo Feitosa, gerente de Marketing da Confederação Brasileira de Atletismo

28

" O grande momento foi a conquista da Copa do Mundo de 70. Por várias razões: era a primeira Copa transmitida ao vivo pela TV, vivíamos um ambiente político especial. No entanto, o futebol mostrou sua capacidade de emocionar as pessoas acima de qualquer coisa.
Torcemos e vibramos muito, mesmo sabendo que aquela conquista se misturava com o momento político que estávamos vivendo. Não me esqueço da vibração nas ruas, no dia da vitória final – 4 x 1 na Itália!

Pelé, Gérson, Jairzinho, Romário e Ronaldo.

Gylmar; Djalma Santos, Bellini, Piazza e Nilton Santos; Didi e Gérson; Garrincha, Pelé, Romário e Ronaldo.

Mário Lobo Zagallo. "

Antonio Grassi, ator

29

" Um gol da Seleção me acompanha desde que despertei para o futebol. Ainda menino, acompanhei todos os jogos da Copa de 58, na Suécia. Sem televisão; junto com a turma, ouvidos pregados no rádio. Lembro-me de a Bandeirantes ter criado um enorme painel, na Praça da Sé, com luzinhas que tentavam acompanhar a bola, seguindo a narração de Fiori Gigliotti. Saudade daqueles tempos de guri.
Por alguma razão, o jogo contra a Rússia me encheu de medo. Achava que eles seriam imbatíveis; tinham um time forte e um goleiro intransponível. Por isso, quando Garrincha desmoralizou aquelas muralhas humanas

e Vavá Peito de Aço fez o primeiro gol, eu me emocionei e me senti envolvido por um grupo de heróis. Talento, coragem e determinação. Foi uma lembrança e uma lição que ficaram para toda a vida.

Pelé, Garrincha, Ronaldo e Romário.

Gylmar; Carlos Alberto, Mauro, Piazza e Nilton Santos; Zito, Gérson e Didi; Garrincha, Ronaldo e Pelé.

Mário Lobo Zagallo. "

Antonio Jacinto Matias, consultor e vice-presidente da Fundação Itaú Social

30

" O gol de Carlos Alberto Torres na final da Copa de 70. Eu tinha 10 anos na época, e era a primeira Copa que eu acompanhava. Foi um lance de beleza incrível, que coroou o campeonato impecável do Brasil. Para uma criança, era pura magia ver os jogadores trocando passes até a bola chegar para Pelé, que dá o último toque para o Carlos Alberto chutar ao gol. Era como se eles estivessem fechando as cortinas do espetáculo. Uma obra-prima. Fiquei mal-acostumado com aquele time.

Pelé, Tostão e Ademir Menezes - o maior artilheiro brasileiro numa única Copa (fez oito gols em 50). Se a Seleção tivesse vencido o Uruguai em 50, seria dele a estátua em frente ao Maracanã. Ele não pode ser esquecido!

Gylmar; Carlos Alberto, Bellini, Mauro e Nilton Santos; Didi, Gérson e Rivellino; Garrincha, Pelé e Tostão.

Aymoré Moreira. "

Antonio Leal, tricolor de coração (Fluminense) e diretor do CineFoot – Festival de Cinema de Futebol

31

" Revisando o baú, é difícil escapar ao lugar-comum de ter a imagem de Cafu levantando a Taça, em 2002, como a mais emocionante. Mas o gol que definiu nossa vitória sobre a Alemanha também foi especial. Gritar, xingar e comemorar atrás das lentes, sem perder o foco da cobertura, é algo indescritível.
Essa emoção de 2002 coroa uma campanha muito diferente das outras, pois estávamos 'do outro lado do mundo'. Por dois meses, cruzamos dois países — Coreia e Japão —, vivendo a civilização oriental com sua cultura, culinária e tradição totalmente diferentes da ocidental. Certamente, a imagem de Cafu, envolto em papel picado, com a Taça nas mãos e seu recado à esposa na camiseta, é a imagem-chave dessa cobertura.

Pelé, Lúcio e Rivaldo.

Apesar de ter viajado o mundo cobrindo a Seleção Brasileira desde a Copa da Itália, em 1990, não sou exatamente um 'técnico' de futebol como a maioria dos brasileiros; não me sinto a vontade para fazer escalações.

Mas não posso deixar de citar como os melhores técnicos Mário Lobo Zagallo e Carlos Alberto Parreira, por organizarem e manterem a unidade de um time. "

Antonio Scorza, fotojornalista, cobriu todas as Copas do Mundo desde 1990 pela Agência France Presse – AFP

32

" Minha Copa favorita é a de 70. Foi a primeira que vi na televisão colorida, e

gosto bastante daquele time. Os lances mais marcantes foram os dois gols que Pelé deixou de fazer: quando ele tentou encobrir o goleiro Viktor com um chute do meio de campo, e a bola passou perto da trave, no jogo contra a Checoslováquia; e o drible de corpo que ele deu no goleiro Mazurkiewicz, do Uruguai, e a bola, mais uma vez, por pouco não entrou. São jogadas que me encantaram pela beleza, mesmo sem terem sido gols. Igual a Seleção de 1982, que nos encantou, mas não foi campeã.

Pelé, Ronaldo e Romário.

Taffarel; Carlos Alberto, Brito, Piazza e Nilton Santos; Clodoaldo, Gérson e Rivellino; Tostão, Pelé e Jairzinho.

Carlos Alberto Parreira. 99

Antonio Vidal, recepcionista do Bar Brahma

33

66 Era o dia da decisão no Maracanã entre Brasil e Uruguai, em 16 de julho de 1950. Pelo retrospecto dentro da própria competição e pela história de ambas as seleções, o Brasil ganharia fácil; ainda mais jogando por um empate. A expectativa em todo o País era imensa. Todos estavam preparados para a festa. Quis o destino que uma amiga da minha mãe falecesse na noite da véspera, e o enterro foi marcado para o dia seguinte, na hora do jogo.
Acompanhei minha mãe e, ainda durante o velório, o jogo começou. Não havia TV naquela época (a Tupi iniciou suas transmissões em setembro daquele ano). Procurei um rádio e localizei um taxista na porta do velório escutando o jogo. Pedi licença e fiquei do lado de fora do automóvel também ouvindo. Meus 7 anos já eram suficientes para fazer de mim um torcedor ferrenho do Brasil.

A Seleção marcou o primeiro gol; o silêncio do velório foi quebrado pela euforia que tomou conta de todos. Veio o empate, que ainda nos favorecia; porém, aconteceu em seguida o gol da derrota, que transformou toda a cidade e todo o País em um só velório.
Nas Copas que o Brasil ganhou, tiveram vários gols emocionantes. Mas eu gostaria de homenagear o grande centroavante palmeirense Mazzola, hoje chamado de Altafini. Na estreia do Brasil na Copa de 58, ele marcou o primeiro gol da Seleção Brasileira e abriu o caminho para uma vitória importante contra a Áustria. Era um jogo que precisávamos vencer para começar bem o Mundial. Ganhamos de 3 a 0, e Mazzola marcou também o terceiro gol.

Pelé, Garrincha e Carlos Alberto.

Gylmar; Djalma Santos, Bellini, Orlando e Nilton Santos; Zito, Didi e Zagallo; Garrincha, Vavá e Pelé.

Vicente Feola. 99

Armando Ferrentini, presidente da Editora Referência

34

66 Final da Copa de 70. Depois de cinco vitórias maravilhosas no Estádio Jalisco, em Guadalajara, contra Checoslováquia, Inglaterra, Romênia, Peru e Uruguai, marchávamos para o Estádio Azteca, na cidade do México, para a grande final contra a Itália, que também era bicampeã mundial (34 e 38). O vencedor teria o direito de ter a posse definitiva da Taça Jules Rimet.
A mística das finais de Copa desde 1930 era que o país que marcava o primeiro gol acabava perdendo o jogo de virada. Aos 18 minutos do primeiro tempo, Pelé fez 1 x 0, gol de cabeça, aproveitando um cruzamento

de Rivellino. Uma comemoração que trazia desconfiança por causa da mística. Aos 37 minutos, ainda no primeiro tempo, o atacante da Internazionale de Milão, Roberto Bonisegna, empatou a partida. A mística se fortalecia contra nós, brasileiros.
No final do primeiro tempo, Gérson bate uma falta na ponta esquerda, Pelé mata a bola no peito e chuta para o gol. O juiz anula o lance, alegando que o primeiro tempo já havia terminado. A mística nos assustava cada vez mais.
Finalmente, o momento mais emocionante de todas as Copas, o gol de Gérson, o Canhotinha de Ouro, aos 21 minutos do segundo tempo, um verdadeiro 'pombo sem asas' na entrada da área. Felizmente, a 'mística' da final não se efetivou; e o resultado todos sabemos: Brasil 4 x 1 Itália.

Pelé, Garrincha e Romário.

Gylmar; Carlos Alberto, Mauro, Orlando e Nilton Santos; Zito, Clodoaldo e Gérson; Garrincha, Romário e Pelé.

Luiz Felipe Scolari. ""

Armando Terribili Filho, professor doutor titular da Fundação Armando Álvares Penteado – FAAP

35

" Minha grande memória é da Copa de 70. Foi a última Copa que vi com meu pai, que faleceu no ano seguinte. Ele tinha o hábito de ler jornal e depois ficar andando pela casa com o jornal enrolado embaixo do braço, para voltar a ler, se quisesse.
Na estreia do Brasil, contra a Checoslováquia, era assim que ele estava, com o jornal embaixo do braço, quando aconteceu um lance importante. Não me lembro exatamente se foi quando a Seleção fez o gol de empate ou um dos outros gols da virada por 4 x 1. Só sei que ele repetiu o gesto e assistiu a todos os jogos do Brasil naquele Mundial com um jornal enrolado embaixo do braço. Foi quando entendi como torcedor é supersticioso!

Pelé, Garrincha e Ronaldo.

Taffarel; Carlos Alberto, Brito, Piazza e Roberto Carlos; Clodoaldo e Gérson; Jairzinho, Pelé, Ronaldo e Zagallo.

Mário Lobo Zagallo. ""

Arnaldo Cezar Coelho, ex-árbitro da Fifa, apitou jogos na Copa de 78, na Argentina, e a final da Copa do Mundo de 1982, na Espanha, Itália 3 x 1 Alemanha; atualmente, comentarista da TV Globo

36

" O gol de Jairzinho na final da Copa de 70. Eu contava com 9 anos de idade e estava na casa do meu falecido tio, Mario Grassi, assistindo ao jogo pela televisão; transmissão a cores, algo até então inédito. Aquele gol, comemorado com todos os familiares presentes, aliado ao espocar dos fogos de artifício, é a primeira recordação de extrema felicidade que me vem à memória.

Pelé, Gérson e Romário.

Taffarel; Cafu, Carlos Alberto, Mauro Silva e Branco; Clodoaldo, Gérson e Jairzinho; Pelé, Romário e Ronaldo.

Luiz Felipe Scolari. ""

Arnaldo Hossepian Junior, Procurador de Justiça do Ministério Público de São Paulo

37

❝ O gol que considero mais marcante foi o segundo do Brasil na partida contra a Espanha na Copa de 1962, no Chile. A Espanha fez 1 x 0, e o Brasil empatou com um gol de Amarildo. O jogo estava difícil. Foi então que Garrincha fez uma jogada sensacional pela direita, cruzou e Amarildo, de cabeça, marcou o gol da vitória. Saímos perdendo, mas conseguimos a virada e a classificação para a etapa seguinte.

Garrincha, Pelé e Jairzinho.

Félix; Carlos Alberto, Brito, Piazza e Everaldo; Clodoaldo, Gérson e Rivellino; Jairzinho, Tostão e Pelé.

Mário Lobo Zagallo. ❞

Ary Graça, presidente da Confederação Brasileira de Voleibol

38

❝ Apesar de ter vivido a emoção de jogar na Copa do México, não me esqueço da conquista de 58. Eu ainda era um garoto, admirava todo mundo que jogava, torcia e vibrava muito. Eu tinha 12 anos e era fã de Mazzola, que jogava no Palmeiras na época. Quando ele fazia gol, era como se o meu Palmeiras tivesse feito um gol! Em 1970, eu era um profissional; em 1958, um torcedor.

Pelé, Garrincha e Jairzinho.

Gylmar; Carlos Alberto, Mauro, Aldair e Nilton Santos; Clodoaldo, Gérson e Rivellino; Garrincha, Ronaldo e Rivaldo.

Mário Lobo Zagallo.
Pelé é hors-concours. ❞

Baldocchi, José Guilherme ★, Campeão pela Seleção Brasileira na Copa de 1970

39

❝ A Copa do Mundo de 58, na Suécia, foi o ápice da carreira de Bellini. Ele se sentia orgulhoso por ter sido escolhido o capitão de um time que só tinha craques, jogadores fora de série. E teve a felicidade de ver nascer, comandar e jogar com aquele que seria o maior jogador de futebol de todos os tempos, Pelé.
Bellini sempre me disse que o momento mais marcante de sua vida de jogador foi quando ele recebeu a Taça Jules Rimet. O Brasil jogou com muita garra aquela final contra a Suécia, e ele teve a honra de ser o primeiro capitão brasileiro a levantar uma taça de Campeão do Mundo. Foi uma emoção imensa para todos nós!
No momento que lhe entregaram o troféu, havia um número grande de fotógrafos, e os que estavam atrás não conseguiam fotografar. Foi então que, instintivamente, ele levantou a Jules Rimet acima da cabeça, para que todos pudessem registrar aquele momento inesquecível. E, assim, imortalizou o gesto que é copiado até hoje.

Todos os jogadores com quem Bellini jogou nas Copas de 1958 e 1962.

Gylmar; Djalma Santos, Bellini, Orlando e Nilton Santos; Zito e Didi; Garrincha, Vavá, Pelé e Zagallo.

Vicente Feola. ❞

Bellini, Hideraldo Luiz ★ Depoimento da sua esposa **Giselda Bellini**. Campeão pela Seleção Brasileira nas Copa de 1958 e 1962

" Não me lembro exatamente do dia, mas foi em 1970, na Copa do México: Brasil e Checoslováquia. Gérson lançou a bola do meio de campo, Jairzinho recebeu o passe, chapelou o goleiro e marcou um golaço. Nessa Copa, aconteceram muitos lances fantásticos, mas esse, em especial, foi marcante porque naquele dia eu, então com 7 anos, vendia sorvete para o Sr. França, que morava na rua da minha casa. Quando Jairzinho fez o gol, alguém – de quem não me lembro – jogou minha caixinha de sorvetes para cima e chutou, voando sorvete para todos os lados. No entanto, a pessoa, muito generosa, pagou o dobro do prejuízo. Eu corri para pegar mais sorvetes e fiquei perto dele para ver se quebraria de novo minha caixinha... Mas isso não aconteceu.

Importância nas conquistas acho que todos tiveram, mas vou responder essa pergunta com o coração, e não como os especialistas em futebol: Pelé, Pelé e Pelé!

Todo mundo sabe que posicionamento, tática e blá-blá-blá não é o meu forte, mas eu adoraria ver a seleção de 70 junto com a seleção de 78. "

Beto Hora, humorista e radialista, apresenta o programa "Na Geral", na Rádio Bandeirantes

41

" A lembrança mais marcante que tenho é um lance de Pelé na Copa do México, em 1970. A família estava reunida na casa dos meus pais, no bairro do Bom Retiro. Era a primeira vez que assistíamos a um jogo ao vivo pela televisão, que ainda era em preto e branco. O lance foi uma bola de primeira que Pelé chutou da intermediária, numa reposição de tiro de meta do goleiro uruguaio Mazurkiewicz. Sei que tivemos gols memoráveis, dribles e defesas incríveis, mas essa bola de primeira foi improvável e inesperada. Por mais que não tenha resultado em gol, demonstrou a faceta anárquica do futebol.

Pelé, Garrincha, Romário e Ronaldo.

Marcos; Carlos Alberto, Mauro, Piazza e Nilton Santos; Gérson, Rivellino e Garrincha; Pelé, Romário e Ronaldo.

Mário Lobo Zagallo. "

Bob Wolfenson, fotógrafo

" Meu lance favorito é o gol de Pelé na Copa de 58, na final contra a Suécia. A emoção se deve ao fato de o menino Edson Arantes, humilde e praticamente desconhecido, ter conquistado fama e glória de forma rápida e definitiva. Pelé já havia brilhado no jogo contra a França, mas naquele momento tornou-se o símbolo do futebol-arte do Brasil.
A Seleção começou perdendo o jogo, mas Vavá empatou e depois virou. Estava 2 x 1 quando Pelé, aos 10 minutos do segundo tempo, aplicou um lindo chapéu no sueco Gustavsson e marcou o terceiro gol do Brasil. Zagallo marcaria aos 23 minutos, e Pelé novamente aos 44. Pelé chocou-se com o zagueiro sueco, desmaiou e acordou Campeão do Mundo. Gustavsson, vítima do chapéu de Pelé, terminou o jogo tonto e até hoje está procurando aquela bola.

Pelé, Garrincha e Ronaldo.

Gylmar; Djalma Santos, Aldair, Ailton Pavilhão* e Nilton Santos; Gérson, Didi e Rivellino; Pelé, Garrincha e Ronaldo.

Mário Lobo Zagallo.

*é considerado pelos jogadores da posição e por quem o viu jogar como o melhor de todos os tempos; jogou sete vezes na Seleção Brasileira. 99

Boni, José Bonifacio, *executivo e profissional de TV e Marketing*

43

66 *A Copa do Mundo é uma competição muito difícil; são vários países em busca do mesmo objetivo, mas apenas um se consagra. Chegamos ao México confiantes de que faríamos uma boa campanha. Mantivemos o ritmo, e jogamos bem mesmo contra os adversários mais difíceis.*
O placar de 4 x 1 da final contra a Itália foi uma surpresa. Não esperávamos ganhar por uma diferença tão grande. Saí correndo logo que a torcida mexicana invadiu o gramado, assim que a partida terminou, em busca de lembranças dos jogadores. Fugi porque também queria ficar com uma recordação daquele jogo. Guardo o uniforme que usei como uma relíquia.

Não posso escolher apenas três jogadores. Quando penso nas cinco Copas conquistadas pelo Brasil, vejo um conjunto. Trocaram-se as peças, mas o conjunto se manteve. Todos foram igualmente responsáveis pelas vitórias.

Minha seleção dos sonhos é a mesma que o povo escolheu e até hoje é considerada a melhor de todos os tempos: a de 70! Me orgulho de ter feito parte dela.

E meu técnico é João Saldanha. 99

Brito, Hércules Brito Ruas , *Campeão pela Seleção Brasileira na Copa de 70*

44

66 *Para descrever o que senti quando Ronaldo fez o segundo gol na final contra a Alemanha, em 2002, eu preciso voltar 20 anos no tempo. Na Copa da Espanha, em 1982, eu estava com 15 anos, pronto para ver todos os jogos do time mágico de Telê Santana. Lembro que ainda estávamos eufóricos com a vitória sobre a Argentina, e entramos em campo invictos para enfrentar a Itália. Bastava um empate. Sofremos o jogo inteiro por este empate. Mas fomos derrotados. Paolo Rossi foi o nosso carrasco. Balançou nossa rede três vezes. Os 3 x 2 daquela tarde no Sarriá em Barcelona foram o meu Maracanazzo. Aos prantos, jurei que nunca mais derramaria uma lágrima pela Seleção. Pouco me importei com as derrotas de 86 e 90. Nem mesmo quando o Brasil sagrou--se Tetra, em 94, eu me emocionei. Os 24 anos de espera só me fizeram dar um grito quando Roberto Baggio isolou aquela bola na disputa de pênaltis. Um grito raivoso, engasgado, aliviado, mas sem emoção. Em 98, vi a Seleção desabar sob os pés da França e novamente não me abalei.*
Entre 1998 e 2002, Ronaldo foi operado de uma lesão no joelho e lutou para garantir sua posição na Copa da Coreia-Japão. Estava indo bem, se recuperando, quando sofreu uma nova lesão em um jogo da Inter de Milão. Para todos não havia recuperação. Mas eis que eu o vejo cravando dois gols na final contra a Alemanha. Naquela final, pensei nele, sua história, seu apagão na final de 98, suas lesões no joelho, a superação e a aclamação quatro anos depois. Tudo isso me veio à mente enquanto o melhor jogador da Copa, o goleiro alemão Oliver Kahn, amargava dois gols numa só noite.
Quando dei por mim, uma lágrima descia pelo meu rosto. O Pentacampeonato teve um sabor único. Aquele segundo gol de Ronaldo renasceu o menino de 15 anos sonhador, amante do futebol e da Seleção que havia

dentro de mim. Vinte anos depois, eu pude comemorar um Campeonato Mundial vencido dentro dos 90 minutos. Dormi sorrindo.

Taffarel, Ronaldo e Pelé.

Taffarel; Cafu, Aldair, Carlos Alberto e Branco; Dunga, Gérson e Mário Lobo Zagallo; Garrincha, Pelé e Ronaldo.

Luiz Felipe Scolari. ,,

Bruno Gouveia, cantor e compositor do grupo Biquini Cavadão

45

,, Os dois gols de Ronaldo Fenômeno na final de 2002, contra a Alemanha. Era a primeira vez que os dois times se enfrentavam em uma Copa, e achei incrível Ronaldo ter marcado dois golaços em uma final dessas. Eu estava na casa de amigos, uma turma grande, e a emoção foi inesquecível.

Pelé, Garrincha e Ronaldo.

Marcos; Cafu, Aldair, Piazza e Roberto Carlos; Clodoaldo, Didi e Rivellino; Garrincha, Pelé e Ronaldo.

Mário Lobo Zagallo. ,,

Caio Gullane, cineasta

46

,, Muitos foram os lances, mas, certamente, o chute de Branco contra a Holanda, em 1994, foi o que mais me marcou.

A bola fez uma curva e teimava bater em Romário, que, como um contorcionista, encolheu-se todo; e a bola foi dormir no fundo da rede.
Eu estava reunido com a família e amigos; o jogo estava muito difícil (sofreríamos em outras Copas contra os holandeses, ainda mais em 2010, não?), e aquele gol foi salvador!

Pelé, Romário e Ronaldo.

Taffarel; Carlos Alberto, Mauro, Márcio Santos e Nilton Santos; Zito, Gérson e Pelé; Garrincha, Ronaldo e Romário.

Mário Lobo Zagallo. ,,

Calixtrato Mendonça, presidente da XTR Informática

47

,, Minha Copa inesquecível foi a de 70. Muitos lances impressionantes. A memória dos lances é em preto e branco; as jogadas de Pelé e Tostão ficaram marcadas, especialmente. Lembro-me da polêmica que os dois não poderiam jogar juntos, não daria certo; ou um, ou outro. Mas deu certo. Muito certo. Tostão, branco e franzino, e Pelé, o Deus de Ébano. Aprendi muito sobre a burrice da unanimidade. Pelé e Tostão no mesmo time não dá? Ora bolas...

Essa eu deixo para os especialistas, mas não faltariam: Didi, Zito, Garrincha, Pelé, Zagallo, Romário, Rivaldo, Ronaldo Gaúcho e Ronaldo.

Gylmar; Carlos Alberto, Mauro, Roque Júnior e Nilton Santos; Didi e Gérson; Tostão, Garrincha, Pelé e Ronaldo.

Mário Lobo Zagallo. ,,

Cao Hamburger, cineasta

" *Guadalajara, 1970, estreia do Brasil contra a Checoslováquia. Ainda no primeiro tempo, de repente, não mais que de repente, a 65 metros da meta adversária, Pelé disparou inimaginável foguete. Que me surpreendeu: '— O Crioulo ficou louco!', urrei para o amigo e poeta Walmor Marcelino, coautor do nosso 'A Copa e a crise do futebol brasileiro'. Dentro do campo, próximo de Pelé, Gérson reclamou: '— Vamos tocar, Pelé!'. Os outros 20 jogadores, menos Viktor, o goleiro checo, quedos, mudos, boquiabertos diante do tresloucado ato.*
Nos bancos de reservas, perplexidades. Nas arquibancadas, 70 mil incompreensões. No mundo, muitos milhões de telespectadores não acreditavam nos (im)próprios olhos. [Corte!]
A tevê mexicana flagra Viktor adiantado, à europeia, perto da linha da grande área. [Corte!]
A tevê mexicana acompanha a trajetória do Negro foguete em direção à meta checa. [Corte!]
A tevê mexicana segue a desesperada volta ao gol do grande Viktor!
E a ficha, finalmente, caiu! Caiu para mim, para o Marcelino, para os jogadores, bancos de reservas, treinadores, preparadores, médicos, massagistas, roupeiros, aspones, penetras, árbitros, bandeirinhas, fiscais, gandulas e, especialmente, para os 70 mil espectadores e os muitos milhões de telespectadores em todo mundo.
Torcíamos para que a bola entrasse no gol checo.
Ah! Os caprichos da bola! Os seus gomos do gênio não neutralizaram os do acaso; ela desviou-se para a direita! E passou próxima da trave... Fora.
UUUUUUUUUUU!
Foi o maior, mais lancinante e cavo uivo da história da Copa do Mundo. Para o qual contribuí modestamente. Impossível esquecer.

P.S.: Dentro do campo, Gérson olhou para Pelé e pediu desculpas.

Pelé, Garrincha e Romário.

Gylmar; Djalma Santos, Bellini, Orlando e Nilton Santos; Zito, Didi e Rivellino; Garrincha, Romário e Pelé.

Vicente Feola. "

Carlos Alberto Pessôa, escriba (e fariseu?), autor de "De letra", "O sábio de chuteiras" e "O velho e rude esporte bretão"

" *Quando o Brasil ganhou sua primeira Copa, em 1958, foi uma alegria só. As pessoas comemorando na rua, parecia Carnaval. Eu tinha de 13 para 14 anos e ouvia os jogos no rádio, em casa. Não me esqueço do quanto pulei nos gols e vibrei pelas vitórias. Começou ali a história de sucesso da Seleção.*
A Copa de 70 ficou mais na minha memória, lógico, porque foi a que eu joguei e ganhei. E eu era o Capitão do time! Uma Copa não é um campeonato qualquer, é o maior evento do futebol mundial. Eu era bastante jovem, tinha 25 anos e fiz parte de uma grande equipe. Levantar a Taça em nome do seu País é uma sensação indescritível!
Meu gol contra a Itália foi um momento inesquecível. Fazer um gol pela Seleção Brasileira já é extraordinário, ainda mais numa final de Copa do Mundo. É um lance até hoje lembrado por pessoas no mundo inteiro. Em todos os lugares que vou, sempre alguém fala comigo sobre ele.
Aquela era uma jogada programada; ensaiamos a movimentação nos treinos. Se aparecesse uma oportunidade, ela seria realizada; era só o time estar atento. E ela encanta tanto justamente por toda nossa

troca de bola. Foram 14, 15 toques até chegar a Pelé, que deu o último passe para eu chutar.
Com aquele gol, nossa vitória estava garantida. Foi o lance que fechou o caixão dos italianos. Se eu fosse o juiz, teria encerrado o jogo naquela hora mesmo. São tantos jogadores... Garrincha; Pelé - primordial!; Jairzinho, que estava numa fase extraordinária em 70, com muita força física e técnica, fez gol em todas as partidas; Gérson; Tostão...

Sou eu, Pelé, Garrincha e mais oito!

Gylmar; Carlos Alberto, Aldair, Orlando e Nilton Santos; Zito, Didi e Pelé; Garrincha, Jairzinho e Romário.

Mário Lobo Zagallo. 99

Carlos Alberto Torres ⭐, Campeão pela Seleção Brasileira na Copa de 1970

50

66 A Copa de 70, no México, é rica em lances que ficarão marcados para sempre na memória dos brasileiros. Seja por belíssimos gols da Seleção, seja por jogadas que não resultaram em gol, mas que também ficaram famosas, como o chute de Pelé do meio de campo contra a Checoslováquia e o drible de corpo do mesmo Pelé sobre o goleiro uruguaio Mazurkiewicz.
Meu momento marcante em Copas também aconteceu em 1970, mais precisamente no dia 21 de junho, na final em que o Brasil goleou a Itália por 4 x 1, na conquista do título. Lembro-me de que estava na casa de amigos, assistindo à partida. Nenhum carro circulava nas ruas, e o Brasil inteiro estava parado diante de um aparelho de TV ou grudado em um radinho de pilha. Afinal, quem vencesse aquele jogo conquistaria o Tricampeonato mundial.

Aos 18 minutos do primeiro tempo, Tostão avançou pela esquerda, e a jogada acabou resultando em lateral para o Brasil. O próprio Tostão fez a cobrança para Rivellino, e, antes que o zagueiro travasse a jogada, ele conseguiu cruzar para a área. A bola fez uma parábola, e Pelé, com uma impulsão incrível, subiu muito mais do que o zagueiro e cabeceou para o fundo das redes. Foi uma explosão de alegria, e até hoje fico impressionado o quanto Pelé saiu do chão para fazer aquele gol.
Esse lance resume a força e a técnica do maior jogador de futebol de todos os tempos; para mim, simboliza o triunfo da maior Seleção Brasileira da história.

Pelé, Garrincha e Romário.

Gylmar; Carlos Alberto, Bellini, Zózimo e Nilton Santos; Zito, Didi e Gérson; Garrincha, Romário e Pelé.

Carlos Alberto Parreira. 99

Carlos Arthur Nuzman, presidente do Comitê Olímpico Brasileiro – COB

51

66 O lance que se mantém indelével em minha memória, e que vem à tona assim que se fala no assunto, é o gol da virada contra a Checoslováquia, na estreia da Seleção na Copa de 70. Pelé, Brasil 2 x 1. Meus olhos, e dos outros 89.999.999 brasileiros, grudados na tela da TV de tubo, não acreditaram no que haviam acabado de ver. Para explicar a estupefação, é preciso um replay mental em super slow motion, que na época era ficção científica.
Meio de campo, um pouco à esquerda, Gérson, o Canhotinha de Ouro, recebe a bola, dá dois passos, levanta a cabeça em direção ao gol adversário e faz um lançamento

mágico pelo alto; a bola adivinhando o lugar exato onde estaria o peito estufado de Pelé após suas pernas mágicas o impulsionarem com a força necessária, nem mais, nem menos; um frame adiante, a bola se aninha mansamente na caixa torácica do Negão (era 1970, podia-se falar assim, sem medo de ser execrado), que gentilmente deixa a bola sucumbir à força da gravidade, rolando até quase o chão, não fosse o bico da chuteira do craque ajeitá-la com amoroso carinho, para que o outro pé, já engatilhado, mandasse a pelota para o fundo do gol. Depois, o grito de gol (meu, nosso), o soco no ar (do Pelé), os zagueiros checos entreolhando-se, tentando entender o que acontecera, e a maravilha de ter testemunhado a construção de um momento estético de rara beleza.

Pelé, Romário e Rivaldo.

Rogério Ceni; Cafu, Bellini, Mauro e Roberto Carlos; Clodoaldo e Gérson; Rivaldo, Kaká e Pelé; Romário.

Mário Lobo Zagallo. 99

Carlos Bacci Júnior, economista e revisor gramatical

66 A Seleção que mais me marcou foi a de 1982! Mas, como temos de focar nas que se sagraram campeãs, fico com a de 2002. O jogo em si nem valia tanto, Brasil e Costa Rica, na última rodada da primeira fase. O Brasil já ganhava fácil quando Edmilson fez aquele golaço!
Por que me marcou? Se não me engano, o jogo ocorreu perto do Dia dos Namorados, e foi quando beijei minha esposa pela primeira vez. Estávamos numa danceteria, em uma balada de solteiros, e o motivo era festa com o jogo do Brasil na Copa do Mundo. Como vários jogos ocorriam no meio da madrugada, muitas vezes saíamos de casa para não dormir! Lembro-me de que comemoramos bastante o resultado... E o resultado final mesmo é que estou casado com ela, Fabiana, até hoje, com dois maravilhosos filhos.

Pelé, Garrincha e Romário.

Taffarel; Djalma Santos, Aldair, Márcio Santos e Nilton Santos; Didi, Gérson e Pelé; Garrincha, Ronaldo e Romário.

Luiz Felipe Scolari. 99

Carlos Eduardo C. Maluf, diretor de aquisições da ESPN Brasil

66 A Copa realizada nos Estados Unidos, em 94, onde o Brasil se tornou Tetracampeão, foi a mais marcante de toda a minha vida. Assisti à final em minha residência, em Cuiabá, juntamente com a família. Foram momentos muito sofridos, porém intensamente marcantes, porque a decisão foi para os pênaltis. Ficamos na maior expectativa. Com a vitória, fiquei muito emocionado e feliz.

Pelé, Garrincha e Nilton Santos.

Gylmar; Djalma Santos, Bellini, Zózimo e Nilton Santos; Clodoaldo, Garrincha e Rivellino; Pelé, Jairzinho e Romário.

Mário Lobo Zagallo. 99

Carlos Orione, presidente da Federação Matogrossense de Futebol

54

❝ Foi na Copa de 70. O Brasil estava com um time maravilhoso; foi o primeiro Mundial a ser transmitido a cores para o Brasil, e, especialmente por isso, poucas casas tinham a televisão a cores. Muitas pessoas, assim como eu, acabaram se reunindo com amigos para ver o jogo final contra a Itália.
O lance que mais me marcou foi o último gol, feito por Carlos Alberto Torres. Depois de uma jogada maravilhosa de todo o ataque, Pelé recebe a bola e toca 'no vazio', na lateral direita do campo. Carlos Alberto aparece e chuta a bola com uma potência incrível, como se levasse com ele a força de milhões de brasileiros. Aquele gol sacramentou a conquista da Copa e o início das grandes comemorações nas ruas. Definitivamente, foi uma Copa colorida.

Pelé, Garrincha e Ronaldo.

Gylmar; Carlos Alberto, Bellini, Lúcio e Nilton Santos; Didi, Gérson e Rivellino; Garrincha, Pelé e Ronaldo.

Mário Lobo Zagallo. ❞

Carlos Tilkian, presidente da Brinquedos Estrela

55

❝ O melhor lance é a cabeçada de Pelé defendida por Banks, no jogo contra a Inglaterra, em 1970. Grande jogada! Cabeçada linda e impecável, e uma defesa impressionante.

Pelé, Garrincha e Ronaldo.

Gylmar; Carlos Alberto, Mauro, Zito e Nilton Santos; Didi e Gérson; Garrincha, Pelé, Ronaldo e Rivellino.

Mário Lobo Zagallo. ❞

Celso Ming, colunista do O Estado de S.Paulo

56

❝ Para mim, a Copa de 70 foi a mais marcante. Principalmente porque era a primeira que eu vi o Brasil ser Campeão do Mundo. Lembro-me muito bem, em detalhes, de vários lances, jogadas e gols incríveis, que me emocionaram e ficarão para sempre na minha memória.
Um deles, no entanto, tornou-se inesquecível: os dribles que Clodoaldo aplicou nos jogadores da Itália e que iniciou a jogada do quarto gol do Brasil, marcado por Carlos Alberto, na final. Toda vez que vejo este lance, fico de novo feliz.

Pelé, Romário e Ronaldo.

Marcos; Carlos Alberto, Aldair, Lúcio e Roberto Carlos; Clodoaldo, Rivellino e Tostão; Romário, Ronaldo e Pelé.

Luiz Felipe Scolari. ❞

Celso Pereira, vereador em Caraguatatuba, SP

57

❝ Não vi as três primeiras conquistas da Seleção Brasileira – que talvez tenham sido as melhores. Sou da geração do Tetra e do Penta. Preferia ter sido Tetra aos 14 anos, com aquela Seleção fantástica de 82. A vida é mais espontânea quando se é adolescente.

Ganhar uma Copa já adulto é diferente, perde toda a magia.

Quando o Brasil foi campeão em 1994, eu era um coroa de 26 anos e trabalhava como jornalista no Guia 4Rodas, da Editora Abril. No Penta, trabalhei como freelancer para um site, atualizando em tempo real os resultados dos jogos. Como as partidas aconteciam de madrugada, eu sofria com o fuso horário. O site faliu no meio da Copa, e pude acompanhar a final apenas como torcedor. Acordei cedinho e vi o jogo com minha filha, que tinha quatro anos na época. Lembro-me de nós dois deitados na cama, comendo pipoca. O jogo terminou mais ou menos na hora do almoço, e tivemos depois o domingo inteiro para comemorar! Saímos pelas ruas do bairro, uma festa só!

A final contra a Alemanha foi um jogo muito igual. As duas seleções com dois grandes goleiros. Marcos fez defesas importantes. E, para nossa sorte, Oliver Khan falhou no primeiro gol do Brasil. Na jogada iniciada por Rivaldo, o craque bombeiro de última hora, a bola sobrou para Ronaldo, o Abençoado. O jogo continuou tenso até o segundo gol de Ronaldo. Foi um desafogo. O lance que sacramentou a vitória.

A Seleção do Tetra tinha um futebol de resultado, muito pragmático. Já a Seleção Pentacampeã mostrou um futebol mais próximo daquele com que o brasileiro se identifica. Tinha dois craques: Ronaldo (mais eficaz) e Rivaldo (mais eficiente). Para cada pessoa, a conquista tem o brilho do momento. Eu gostei mais do Penta.

Pelé é hors-concours. Escolho, então: Garrincha, Romário e Ronaldo.

Gylmar; Carlos Alberto, Mauro, Aldair e Nilton Santos; Zito, Pelé e Rivellino; Garrincha, Ronaldo e Romário.

Luiz Felipe Scolari. 99

Celso Unzelte, *jornalista e pesquisador da história do futebol*

66 *Nunca pensei que fosse assistir a um jogo às três da madrugada. E, na Copa de 2002, assisti a todos. Meu primeiro filho, Eduardo, na época com três meses, contribuiu muito para que aquelas longas noites ficassem mais divertidas. Brasil e Inglaterra, válido pelas quartas de final, foi um jogo muito interessante. Parecia nove horas da noite em plena madrugada. Eu, o pequeno Du no meu colo e sua mamadeira. Falta... Ronaldinho Gaúcho pronto para bater... Gol espírita, sem querer, por querer, pouco importa. Foi na gaveta. Nem com a mão eu colocaria a bola ali. Momento único, que selou a nossa classificação para a semifinal. Inesquecível para mim; nem tanto para o Du, pois a mamadeira dele saiu voando como a bola do Gaúcho!*

Pelé, Garrincha e Ronaldo.

Marcos; Djalma Santos, Aldair, Piazza e Roberto Carlos; Clodoaldo, Gérson e Rivaldo; Pelé, Ronaldo e Romário.

Carlos Alberto Parreira. 99

César Gualdani, *sócio-diretor da Stochos Sports & Entertainment*

66 *Dezenas de lances mágicos, gols marcantes e jogos inesquecíveis me remetem a minha infância. Aos 9 anos de idade e recém-chegado à capital paulista, guardo na lembrança as imagens em preto e branco de nossa TV, captadas pela então moderna antena espinha de peixe. Meu interesse pelo*

futebol e o amor pelo esporte nasceram naquela época.

Mas a relação com o futebol transcende os limites da compreensão e dirige nossas emoções para a vida pessoal. É assim que tenho na memória o jogo Brasil 3 x 0 Camarões, pela Copa de 94.

No dia da partida, meu filho mais novo, de apenas um aninho, tinha uma consulta com um especialista em ortopedia. Ao sairmos do médico, encontraríamos os amigos para juntos torcermos pela Seleção. No entanto, recebemos um diagnóstico que caía como uma bomba em nossas vidas! Havia a necessidade de um tratamento especial para meu filho. Ainda atordoados, assistimos ao jogo sem nenhuma vibração. Somente os gols amenizavam um pouco o sofrimento. Conforme o jogo corria, vinha à mente o diagnóstico e o tratamento que teríamos que seguir. A alegria e o prazer da vitória do Brasil foram usados como instrumento na recomendação do médico: chutar com o pezinho esquerdo, segurar e lançar a bola, transferir o peso de um lado para o outro com a bola nos pés passaram a fazer parte de nosso treinamento familiar diário.

O Brasil foi Tetracampeão; mas o prêmio maior foi Gabriel saudável e ativo, praticante do mais poderoso dos tratamentos: o amor pelo mundo da bola, que transformou sua vida. Até hoje, quando penso na Copa de 94, lembro que foi nossa arrancada para uma vida nova!

Pelé, Garrincha e Didi.

Gylmar; Carlos Alberto, Aldair, Mauro e Nilton Santos; Zito, Didi e Rivellino; Garrincha, Pelé e Ronaldo.

Aymoré Moreira.

Chico Dada, profissional de Educação Física da Secretaria Municipal de Esportes de São Paulo

" Dois lances marcaram minhas memórias em termos de Copas do Mundo. Em 1970, quando Pelé tentou fazer um gol do meio-campo no goleiro Viktor, da Checoslováquia, mas não conseguiu. Seria o maior gol de todas as Copas, sem dúvida.

A segunda imagem é uma das cenas mais engraçadas da História: semifinal da Copa de 2002, Brasil vencendo por 1 a 0, gol de Ronaldo Fenômeno. E o técnico Felipão colocou em campo Denílson com a função específica de prender a bola no ataque. O atacante, habilidoso, levou à risca as instruções. Pegou a bola na intermediária e foi levando para a linha lateral do gramado. Quatro zagueiros turcos o perseguiram como se fossem tigres atrás de um coelho. Foi muito engraçado e mostrou toda a habilidade do futebol moleque do Brasil.

Garrincha, Pelé e Ronaldo.

Gylmar; Carlos Alberto, Brito, Piazza e Roberto Carlos; Zito, Gérson e Rivellino; Garrincha, Ronaldo e Pelé.

Carlos Alberto Parreira. "

Chico Lang, jornalista esportivo

" O jogo Itália 4 x 3 Alemanha, na Copa de 70. Eu estava na cidade do México, estádio Azteca, com Flávio Araújo, por decisão de Pedro Luiz (por nós dois imediatamente endossada), o mentor do nosso pool (Jovem

Pan-Bandeirantes-Nacional). Após o encerramento da outra semifinal em que o Brasil eliminou o Uruguai, éramos a única emissora sul-americana presente no estádio, para narrar a prorrogação que indicaria o adversário do Brasil na final.
Quanto ao jogo, foi por muitos considerado o 'Jogo do Século', pelas alternâncias de placar ocorridas na prorrogação e pelo fato de que, em caso de vitória da Itália, o destino da Taça Jules Rimet estaria sendo definido na final, fosse quem fosse o vencedor.

Pelé, Garrincha e Didi.

Félix; Carlos Alberto, Brito, Piazza e Everaldo; Clodoaldo, Gérson e Rivellino, Jairzinho, Tostão e Pelé.

Mário Lobo Zagallo.

Claudio Carsughi, jornalista e comentarista esportivo da Rádio Jovem Pan

62

" Aquele gol de Bebeto contra a Holanda, na Copa de 94, foi um dos momentos mais emocionantes de que eu me lembro de ter vivido ao assistir às Copas do Mundo nas quais o Brasil foi Campeão. Não apenas o gol — o segundo do Brasil naquele jogo —, mas também a comemoração, tão original quanto bela, de fazer movimentos com os braços como se embalasse um bebê. E depois o abraço no parceiro Romário, autor do passe primordial, como se fosse a deixa certa para que o protagonista do lance pudesse brilhar!

Das Copas em que eu vi o Brasil ser campeão (94 e 2002), Romário e Ronaldo são hors--concours! Escolho, então, Branco, Rivaldo e Cafu.

Marcos; Cafu, Lúcio, Márcio Santos e Roberto Carlos; Dunga, Ronaldinho Gaúcho e Rivaldo; Bebeto, Romário e Ronaldo.

Carlos Alberto Parreira.

Claudio Lins, ator e cantor

" O meu gol inesquecível foi o de Rivaldo contra a Bélgica na Copa de 2002. Isso porque, após esse jogo, meu filho André mudou-se para Blumenau, SC. Com asas fortes, voou de casa para a vida. Sim, um dia os filhos vão viver por si. O meu assinou um contrato em Blumenau, e, naquele domingo, assistimos ao jogo juntos e vibramos muito. Depois, colocamos as coisas no carro; ele foi, e minha mulher e eu ficamos. Saudade misturada à satisfação de ele voar do ninho muito bem.

Pelé, Garrincha e Gérson.

Gylmar; Carlos Alberto, Djalma Santos, Mauro e Nilton Santos; Gérson, Didi e Tostão; Garrincha, Pelé e Rivaldo.

Vicente Feola.

Claudio Pacheco, professor

" Se já tivesse TV ao vivo, seria o gol de cabeça de Garrincha, em 1962, pois era uma coisa raríssima. Mas, considerando a primeira Copa ao vivo, foi o gol de Jairzinho no primeiro jogo de 1970, contra a

Checoslováquia, no qual ele driblou uma fila de jogadores para fazer um golaço. O jogo era na hora do jantar e, como sou botafoguense, com meu grito e pulo, a empregada se assustou, e foi prato de sobremesa para tudo que era lado!

Garrincha, Pelé e Ronaldo.

Marcos; Carlos Alberto, Brito, Zózimo e Nilton Santos; Clodoaldo, Gérson e Didi; Garrincha, Jairzinho e Pelé.

Mário Lobo Zagallo.

Claudio Thompson, gerente de Patrocínio Esportivo da Petrobras

65

As minhas primeiras lembranças de futebol são da Copa de 70. Eu tinha oito anos durante o Mundial. Fui ver os jogos, com algum entendimento, mais tarde. Aí, constatei a qualidade da Seleção. Os títulos anteriores, de 58 e 62, só na base da leitura, filmes e VTs. Mais recentemente foram exibidos no Brasil os filmes oficiais das Copas. Então, as de 58 e 62 transformaram-se em imagens para somar com as histórias, os textos, os depoimentos. Os títulos de 94 e 2002, eu já os acompanhei como profissional. Quando me lembro de 70, penso na minha casa, a gente vendo as partidas pela TV (a primeira Copa transmitida ao vivo). Meu pai e um primo mais velho comentando os lances, elogiando e criticando jogadores da Seleção. Foi meu primeiro contato com essa paixão e razão que andam juntas no futebol. Torcer, vibrar, criticar, reclamar. O jogador passa de craque a perna de pau em dois lances e vice-versa. E a festa na rua, depois da final. Espetáculo.
Lances marcantes: o primeiro é o gol de Pelé contra a Checoslováquia, estreia do Brasil na Copa do México, em 70. Jogo duro, empatado. Pelé fez 2 x 1. Um lançamento sensacional de Gérson, e uma matada no peito como nunca mais vi. A bola colou. Rolou. Pelé bailou. E fez o gol. O outro lance, o mais lindo gol, gol de final de Copa: o de Pelé contra a Suécia, na decisão de 58. Bola cruzada, ele mata no peito, aplica um chapéu no zagueiro e chuta na caída da bola.

Cinco Copas conquistadas, cerca de 100 jogadores. Escolher três é quase injusto. Tomo a liberdade de formar dois trios: o dos que vi jogar – Pelé, Romário e Ronaldo; e o trio da História: Pelé, Garrincha e Romário. Se for escolher apenas um trio, o da História.

Novamente escalarei duas seleções. Uma apenas com jogadores que vi jogar: Taffarel; Carlos Alberto, Aldair, Piazza e Roberto Carlos; Clodoaldo, Rivellino e Rivaldo; Ronaldo, Pelé e Romário.
Outra com os nomes históricos, a melhor Seleção considerando filmes, VTs e depoimentos de quem viu: Gylmar; Carlos Alberto, Mauro, Aldair e Nilton Santos; Zito e Didi; Garrincha, Ronaldo, Pelé e Romário.

Em ambas, Mário Lobo Zagallo como técnico. Para escolher só uma, a da História.

Cleber Machado, jornalista e narrador da TV Globo

66

O lance que mais me marcou foi o pênalti perdido por Roberto Baggio, da Itália, na final de 1994. Lembro-me de que, assim que o jogo acabou, todos corremos para a rua; os vizinhos se abraçavam. Eu tinha 11 anos, e já começava a entender das coisas. Foi um dos momentos em que percebi um patriotismo incomum em todos. Corri para uma lojinha de fogos perto de casa, comprei várias bombinhas e fiz a minha festa!

Romário, Ronaldo e Marcos.

Gylmar; Carlos Alberto, Djalma Santos, Bellini e Nilton Santos; Didi, Rivellino e Garrincha; Ronaldo, Romário e Pelé.

Mário Lobo Zagallo. 🙼

Cleiton Careta, *fisioterapeuta do Esporte Clube Pinheiros, do Sport Club Corinthians Paulista e do Instituto Vita*

67

🙼 *Tenho duas grandes lembranças da nossa final contra a Itália, na Copa de 70, no México. Quando Carlos Alberto fez o quarto gol, nos olhamos e começamos a chorar. Naquele instante, tivemos a certeza de que a fatura estava liquidada, que a Copa era nossa.*
Mas o momento mais marcante foi quando o público mexicano invadiu o campo, ao término da partida, e quase nos deixou sem roupa. Eles tentavam ter uma lembrança qualquer dos brasileiros. Arrancavam o que podiam: meias, camisas, shorts. Foi inesquecível para nós, jogadores, e para todos que viram aquela cena.

Acho uma injustiça só citar três jogadores e esquecer de todos os outros que foram tão fundamentais para as cinco conquistas. Falam muito de Pelé e de Garrincha, mas tiveram tantos que contribuíram: Amarildo, Vavá, Gylmar, Ronaldo, Romário, Bebeto, Rivaldo, Ronaldinho Gaúcho, Taffarel, Félix, Jairzinho, Tostão, Rivellino... Quero homenagear todos eles.

Com todo respeito às outras Seleções Brasileiras campeãs, escolho a de 70. Quero homenagear meus companheiros que estiveram na luta comigo, embora tenha consciência da importância das outras seleções. Era um time tão bom que não sei quem eu tiraria para, por exemplo, colocar o Garrincha.

Como técnico, escolho o Zagallo, com menção honrosa para João Saldanha. 🙼

Clodoaldo Tavares Santana ⭐, *Campeão pela Seleção Brasileira na Copa de 1970*

68

🙼 *A bola chutada por Pelé do meio de campo, em direção ao gol de Viktor, da Checoslováquia, na Copa de 70. Infelizmente, a bola não entrou. Estávamos num grupo de jovens sentados no sofá de casa, e, quando Pelé viu o goleiro adiantado e chutou a bola, todos levantamos lentamente, gritando: '— Vai entrar... Vai entrar... Vai entrar!'. Por fim, soltamos em uníssono: '— Nãooooooo...'.*

Pelé, Ronaldo e Garrincha.

Marcos; Carlos Alberto, Aldair, Mauro e Nilton Santos; Clodoaldo, Tostão e Pelé; Garrincha, Ronaldo e Rivellino.

Mário Lobo Zagallo. 🙼

Clóvis Volpi, *Subsecretário da Secretaria Estadual de Esportes e Lazer do Estado de São Paulo*

69

🙼 *A conquista de 1958 foi muito importante pela chegada de Pelé à Seleção. Mesmo com pouca idade, ele fez aquele sucesso todo.*
Em 1962, destaco a importância de Garrincha, que fez gol de tudo que foi jeito. Aquela

era para ser a grande Copa que Pelé e eu disputaríamos. Estávamos muito bem, em ótima fase. Só que me machuquei pouco antes de embarcar para o Chile, e não tive condições de jogo – operei depois o menisco. Pelé também se machucou na partida contra a Tchecoslováquia, e não voltou mais a atuar no torneio. Foi uma sensação muito desagradável ficar de fora. Sinto por não ter podido jogar. Mas o resto foi só festa. Quando ganhamos o título, foi uma sensação de alegria imensa. Um lance muito marcante da final contra a Tchecoslováquia foi o gol de cabeça de Zito, o segundo na virada por 3 x 1. Ficamos todos muito felizes.

Pelé, Garrincha e Didi.

Gylmar; Carlos Alberto, Mauro, Joel Camargo e Nilton Santos; Zito e Didi; Garrincha, Vavá, Pelé e Edu ou Pepe (não consigo decidir qual destes dois últimos escalaria!).

Vicente Feola. 99

Coutinho, Antônio Wilson Vieira Honório ⭐.
Campeão pela Seleção Brasileira na Copa de 1962

70

66 Os três gols do Brasil contra Holanda, pelas quartas de final da Copa de 1994, estão no meu hall da fama. O primeiro, com cruzamento de Bebeto e finalização linda de Romário. O segundo teve a comemoração original de Bebeto, simulando embalar o filho recém-nascido. Por fim, o último gol, o chute de Branco, a desviada de Romário, e a bola no fundo da rede. Foi demais!
E como não lembrar do pênalti perdido por Baggio na final de 1994? Ou do lance de Denílson, carregando a bola com os quatro turcos tentando pará-lo em 2002?
Se, no entanto, tivesse que escolher um lance a que assisti ao vivo, seria o primeiro gol da final contra a Alemanha em 2002. Minha casa estava cheia para esse jogo. Entre família e amigos, devíamos estar em mais de 30 pessoas. O jogo foi repleto de momentos eletrizantes. Pressão do Brasil no início; os 'quase gols' de Ronaldo em três ocasiões; o chute de Kléberson no travessão; a defesa salvadora de Marcos!
O primeiro gol foi especial. A garra de Ronaldo, que tentou um drible, foi desarmado, caiu. E levantou, buscou a bola novamente, tocou para Rivaldo na entrada da área, que não pensou duas vezes e bateu para o gol. O goleiro, até então considerado o melhor do mundo, não segurou a bola. Deu rebote. E caiu justamente no pé de Ronaldo. Foi marcante!

Pelé, Garrincha e Ronaldo.

Gylmar; Carlos Alberto, Mauro, Aldair e Nilton Santos; Gérson, Didi e Pelé; Garrincha, Ronaldo e Romário.

Luiz Felipe Scolari. 99

Cristiano Benassi, profissional de Marketing Esportivo, atuou por mais de 10 anos na Nike, atualmente é gerente de Marketing Esportivo na Samsung

71

66 Na Copa de 70, fui apresentada oficialmente ao futebol. Estava no terceiro ano científico, e os meninos explicavam para as meninas as regras básicas do futebol: zaga, impedimento, escanteio, tiro de meta, esquema tático, posição e nomes dos jogadores. Lembro-me perfeitamente do desenho de um campo de futebol no quadro verde, e nós, sentadas comportadíssimas e em total silêncio nas carteiras, ouvindo as explicações do colega Coelhinho!
Eu assistia aos jogos na casa dos Rebouças, amigos queridos que me acolhiam, já que

eu morava em um pensionato – o Instituto Feminino da Bahia –, onde não tinha TV. Ao ouvir o Hino Nacional e o hino da Seleção 'Pra frente Brasil!', cantávamos a plenos pulmões e sentíamos orgulho de ser brasileiros! Vi todos os jogos sentada no mesmo lugar, com a mesma roupa, que, para não dar azar, só lavei após o Tri estar garantido. A mesma calça, a mesma blusa, a mesma calcinha – a calcinha, eu lavava após cada jogo, lógico! Eu não me esqueço da festa que parou Salvador depois da final. O povo nas ruas, cantando, confraternizando. Do Campo Grande à Praça Castro Alves, era um mar de gente verde e amarelo. O primo de uma amiga ficou com pena ao me ver tão pequena, espremida no meio da multidão, e me carregou em seus ombros. Vi tudo de camarote! E só pensava: '— Tomara que não tirem uma foto e publiquem no jornal, senão meu pai me mata!'.

Pelé, Garrincha e Gylmar.

Gylmar; Carlos Alberto, Bellini, Piazza e Nilton Santos; Dunga, Pelé e Rivellino; Garrincha, Tostão e Jairzinho.

Mário Lobo Zagallo. 99

Cristina Fraga de Almeida, arquiteta

72

66 Devo muito do sucesso da minha carreira a Pelé. Ele era meu ídolo e virou meu amigo. Foi ele quem me inspirou a mudar meu nome de Dario para Dadá Maravilha. Ele me dava vários conselhos – e eu também a ele!
Um pouco antes do início da Copa do México, ele não atravessava sua melhor fase. Lembro-me de uma noite na concentração que Pelé estava triste. Ele jantou e foi para o quarto sem falar com ninguém. Fui atrás dele, bati na porta e pedi para entrar, para conversarmos. Ele disse para eu ir embora. Não arredei pé e insisti tanto que, depois de cinco horas, ele abriu a porta. Ele estava chateado com as críticas que vinha recebendo. Eu disse: '— Estão todos errados. Você é o maior jogador do mundo!'.
A Copa de 70 era a última de Pelé com a camisa da Seleção Brasileira. Eu sabia que ele arrebentaria para sair por cima. E foi exatamente o que ele fez.

Pelé, Romário e Garrincha.

Gylmar; Carlos Alberto, Mauro, Piazza e Nilton Santos; Zito, Gérson e Pelé; Garrincha, Romário e Edu.

Mário Lobo Zagallo. 99

Dadá Maravilha , Dario José dos Santos, Campeão pela Seleção Brasileira na Copa de 1970

73

66 Brasil e Suécia, Copa de 58. Pelé entra na área adversária, dá dois chapéus nos zagueiros e marca um golaço! Nunca assisti a um lance tão bonito e que expressasse tão bem a grandeza do futebol brasileiro. O Brasil inteiro vibrou com aquele jovem de Minas Gerais, que começava a conquistar o mundo. Essa Copa lavou a alma dos brasileiros depois da decepção em 1950. Na Suécia, a Seleção dava os primeiros passos para se tornar a melhor.

Pelé, Garrincha e Ronaldo.

Gylmar; Carlos Alberto, Djalma Santos, Orlando e Nilton Santos; Zito, Didi e Garrincha; Vavá, Pelé e Tostão.

Mário Lobo Zagallo. 99

Daniel Adans Soares, pastor e escritor

74

" O gol que Pelé não fez no goleiro Mazurkiewicz contra o Uruguai, em 1970. E, na mesma Copa, a defesa do goleiro Banks, no jogo contra a Inglaterra; cabeçada de Pelé após cruzamento de Jairzinho.
E sempre me lembro das transmissões da Copa de 58 pelo rádio, nas vozes dos maiores de todos os tempos: Pedro Luis, Mário Moraes e Edson Leite, da Rádio Bandeirantes.
O barulho das ondas de rádio, que iam e vinham, tornava as transmissões um martírio para os torcedores. E tudo isso se faz mais inesquecível porque foi ao lado do meu pai.

Pelé, Garrincha e Amarildo.

Gylmar; Carlos Alberto, Mauro, Orlando e Nilton Santos; Zito, Didi e Rivellino; Garrincha, Pelé e Tostão.

Vicente Feola. "

Daniel Augusto Jr., fotógrafo

75

" Minha vida é permeada pelas Copas; gosto de assistir aos jogos com os amigos e acompanhei todas as conquistas da Seleção Brasileira.
O lance que mais me marcou foi o drible da vaca de Pelé em Mazurkiewicz, no jogo contra o Uruguai, em 1970. É o lance mais glorioso das Copas; é belo em si, mesmo sem ter sido gol. Ele mostra toda a genialidade de Pelé, que corre para um lado, e a bola, para o outro. Independentemente do resultado, o lance mantém a força. E, se a bola tivesse entrado, seria exuberante!

Pelé, Garrincha e Ronaldo.

Gylmar; Djalma Santos, Mauro, Piazza e Nilton Santos; Zito, Gérson e Didi; Garrincha, Pelé e Ronaldo.

Mário Lobo Zagallo. "

Danilo Santos de Miranda, diretor regional do Sesc São Paulo

76

" A Copa de 58, para mim, foi inesquecível. Eu tinha apenas 10 anos de idade, não ligava muito para futebol. Mas, no dia da final, esse esporte entrou na minha vida como uma paixão incontestável.
Meu pai escutava o rádio com extremo sofrimento – evidente, e isso eu soube depois, ele estava traumatizado pelo resultado da Copa de 50, na qual perdemos para o Uruguai. E, naquele dia, lá estava o Brasil em outra final. Eu via meu pai muito nervoso durante os jogos, mas só na final percebi realmente o tamanho de seu sofrimento. Quando a Suécia fez o primeiro gol, eu estava no quintal de nossa casa com uma bolinha de borracha, junto com meu cão, o Biluca. Eu, de joelhos perto de uma parede, jogava a bola na parede do outro lado; quando ela voltava, perseguida pelo Biluca, eu procurava agarrá-la antes dele. Era difícil, mas, toda vez que conseguia, eu mesmo gritava '— Pega Gylmar, no canto esquerdo de sua cidadela!', frase bonita para a época; e eu sinceramente nem sabia direito o que era 'cidadela'.
Teve um momento inesquecível para mim, um gol de Pelé que encheu meu pai de alegria. Enquanto o locutor gritava, meu pai pulava, me abraçava e agradecia aos céus. E só vi o lance no dia seguinte, na TV: o menino Pelé recebeu um passe da esquerda, matou no peito, deu um chapéu no zagueiro e fez um golaço. Além de eu não saber o

que era 'cidadela', também não sabia o que era 'chapéu' e muito menos quem era Pelé, mas, assim que vi ali um lance de raríssima habilidade, percebi que já amava o futebol. Um lance que nunca consegui repetir com meu cãozinho Biluca. Sempre que eu tentava dar um chapéu nele, ele pulava alto e pegava a bolinha de borracha com a boca. Ou seja, agarrar como o Gylmar, na minha imaginação, eu até conseguia, mas dar um chapéu como Pelé deu, nunca consegui. Nem no Biluca.

Pelé, Romário e Ronaldo.

Marcos; Carlos Alberto, Bellini, Brito e Nilton Santos; Zito e Clodoaldo; Garrincha, Ronaldo, Pelé e Romário.

Mário Lobo Zagallo. 99

Decio Clemente, jornalista e radialista da Jovem Pan

77

66 Ser campeão de uma Copa do Mundo é o momento mais emocionante da carreira de um atleta. E eu fiz parte da primeira Seleção Brasileira campeã de uma Copa. A primeira é sempre a primeira, fica na memória das pessoas.
Infelizmente, me machuquei antes do terceiro jogo da Seleção na Copa (contra a URSS), e não pude mais jogar. Via meus companheiros treinarem e jogarem, e ficava de fora, torcendo por eles. É difícil estar no meio de um grupo e não poder ajudar. Você fica num estado de apreensão. Mesmo assim, foi muito bonito fazer parte daquela conquista. Toda hora me perguntava se era mesmo verdade. Depois que acabou a final contra a Suécia, foram 10, 15 minutos únicos na vida. Minutos que ficarão na lembrança para sempre.

Todos foram importantes, mas destaco Pelé, Didi e Garrincha. Garrincha é o grande baluarte do Brasil. Supercraque, jogava com humildade. Jogava não, brincava dentro de campo. A gente ria, todo mundo ria, até os adversários!

Gylmar; Djalma Santos, Bellini, Orlando e Nilton Santos; Zito, Didi e Zagallo; Garrincha, Vavá e Pelé.

Vicente Feola. 99

Dino Sani ⭐, Campeão pela Seleção Brasileira na Copa de 1958

78

66 Copa de 94. Decisão, jogo Brasil 0 x 0 Itália. Fui jogador de futebol, goleiro do Atlético Rio Negro Clube e do São Raimundo Esporte Clube. Assistia à final no meu apartamento, em Manaus, acompanhado por meu filho Dante, de apenas três anos de idade. Sendo ex-goleiro, sempre procurei observar a atuação dos 'camisas 1' de clubes e, ainda mais, da Seleção.
Disputa de pênaltis empatada, com cada equipe perdendo uma cobrança. Com o coração na boca, pronto para sair, disse ao Dante: '— Taffarel vai pegar este pênalti (de Massaro)!'. Lembro-me como se fosse hoje: eu estava de joelhos em cima da cama, a pouco mais de um metro da TV (não era rezando, eu estava nervoso mesmo). Massaro cobra, Taffarel cai e defende a cobrança. Para mim, ganhamos a Copa nessa defesa; ela desestabilizou o craque Baggio, que isolou a última cobrança, e o Brasil conquistou mais uma Copa.

Gylmar, Garrincha e Pelé.

Gylmar; Carlos Alberto, Djalma Santos, Bellini e Nilton Santos; Clodoaldo, Gérson e Rivellino; Garrincha, Pelé e Ronaldo.

Mário Lobo Zagallo. "

Dissica Valério Tomaz, ex-jogador de futebol e presidente da Federação Amazonense de Futebol

79

" 1958: eu estava quase no meio de campo quando soou o apito final da partida entre Brasil e Suécia e nos consagramos campeões pela primeira vez. Foi uma emoção indescritível!
1962: no jogo entre Brasil e Checoslováquia, o que me vem primeiro à cabeça é o lançamento que fiz da lateral do campo adversário, que iniciou as jogadas do nosso segundo gol, feito por Vavá.
1970: assisti a esse jogo na minha casa, na companhia de amigos. A partida em questão foi Brasil e Uruguai. Sem dúvida alguma, a jogada marcante e espetacular foi realizada por Pelé dentro da área, que, infelizmente, por capricho do destino, não terminou em gol.
1994: considero que Taffarel foi um gigante e teve participação efetiva na conquista do Tetra. Sua atuação na última partida foi impecável e, ainda por cima, coroada com o 'presente' de Roberto Baggio.
2002: essa Copa, do início ao fim, foi extremamente marcante como exemplo de superação da equipe brasileira, que vinha de uma série de problemas na edição anterior; em particular, pela desclassificação para a França. Considero muito importante o trabalho de toda a equipe técnica, especialmente do grande Luiz Felipe Scolari, que envolveu o time positivamente e tornou-se um divisor de águas.

Difícil escolher apenas três nomes diante da enorme qualidade de nossos elencos.

Consegui escolher pelos menos cinco: Pelé, Carlos Alberto, Garrincha, Dunga e Ronaldo.

Gylmar; Carlos Alberto, Bellini, Dunga e Nilton Santos; Zito, Didi e Rivellino, Garrincha, Pelé e Ronaldo.

Vicente Feola. "

Djalma Santos ⭐, Bicampeão pela Seleção Brasileira nas Copas de 1958 e 1962

80

" Houve muitos lances, mas os que mais marcaram foram os momentos do Tri, em 1970, no México. Naquela época, com 11 anos, assisti à Copa em casa, com meu pai, minha mãe e irmãos, todos fanáticos por futebol — além de outros convidados que apareciam. Tivemos nessa Copa algumas pinturas: o gol de Tostão sem ângulo contra o Peru; o gol de empate, no finalzinho do primeiro tempo, contra o Uruguai, num jogo duríssimo; o gol de Jairzinho, numa arrancada espetacular contra a defesa da Checoslováquia; a cabeçada de Pelé e a defesa de Banks; os lançamentos de Gérson; as faltas de Riva... Porém, o que mais me impressionou foi toda a sequência que resultou no quarto gol do Brasil na final contra a Itália. A Seleção foi tocando a bola de pé em pé, passando por quase todos os jogadores do meio; abria na esquerda, vinha para o meio de novo, e, por fim, a bola é empurrada 'de colher' de Pelé para o Capita Carlos Alberto Torres, que ainda teve uma ajuda do gramado, dando uma levantadinha na bola bem na hora do chute. Uma pintura dentro de tantas outras. Confesso que a Seleção de 70 é a que mais me traz boas lembranças, juntamente com a de 82, do grande Telê. Creio que a diferença é que, em 82, não levamos a Taça.

Pelé, Garrincha e Ronaldo.

Gylmar; Djalma Santos, Mauro, Bellini e Nilton Santos; Clodoaldo, Didi e Pelé; Garrincha, Ronaldo e Jairzinho (tendo que cair pela esquerda, fazer o quê!).

Vicente Feola. 99

Domingos Dragone, diretor de operações para América Latina da Black & Decker do Brasil

81

66 As defesas do goleiro Taffarel nos pênaltis da final contra a Itália, na Copa de 94. Senti uma sensação muito boa; felicidade, orgulho... Eu estava em casa assistindo ao jogo com amigos; fiquei feliz por ser brasileiro e amigo de Taffarel, que conheci quando jogávamos em times italianos, em 1991.

Pelé, Ronaldo e Taffarel.

Taffarel; Djalma Santos, Bellini, Nilton Santos e Branco; Mauro Silva, Rivaldo e Rivellino; Jairzinho, Ronaldo e Pelé.

Carlos Alberto Parreira. 99

Domingos Lampariello Neto, o "Domingos Maracanã", ex-jogador da Seleção Brasileira de vôlei, medalha de Prata na Olimpíada de Los Angeles, 1984

82

66 A Copa mais marcante foi a de 1970. Eu tinha 13 anos; estava ainda descobrindo o futebol. A beleza, a energia contagiante de uma Copa do Mundo, um evento mágico. E também por ter sido a chegada das cores na televisão. Era um deslumbramento. A família reunida para acompanhar os jogos e torcendo muito a cada vitória da fantástica Seleção formada por João Saldanha, que acabou sendo comandada por Zagallo. O gol mais marcante, talvez pela importância do momento, foi o de Jairzinho contra a Inglaterra, depois do drible de corpo sensacional de Tostão. O jogo estava duríssimo, e aquele gol garantiu a caminhada para o Tri.
Também me emocionou muito o quarto gol de Carlos Alberto Torres diante da Itália, com o toque genial de Pelé, rolando a bola com todo o carinho para o capitão encher o pé e confirmar que éramos, sem sombra de dúvida, os melhores do mundo.

Pelé, Romário e Ronaldo.

Gylmar; Djalma Santos, Bellini, Mauro e Nilton Santos; Clodoaldo, Gérson e Didi; Garrincha, Tostão e Pelé.

Mário Lobo Zagallo. 99

Doro Junior, jornalista

83

66 Apesar de ter apenas cinco anos em 1994, lembro-me bastante da final da Copa contra a Itália. Havia várias pessoas na minha casa, torcendo muito. Todo mundo estava nervoso na hora da prorrogação e dos pênaltis. Mas, quando o Brasil venceu, houve uma gritaria daquelas! Todos vibrando e pulando! Só quando eu fiquei mais velho entendi que aquela era uma Seleção desenganada, e que Romário, por tudo o que fez, mereceu ganhar a Copa.

Pelé, Romário e Ronaldo.

Marcos; Cafu, Lúcio, Aldair e Branco; Mauro Silva, Kaká e Pelé; Bebeto, Ronaldo e Romário.

Mário Lobo Zagallo. 99

Duile Pereira Santos, assistente de engenharia; trabalha na reforma do Allianz Parque

84

66 *A última Copa vencida pelo Brasil, em 2002, foi a que mais gostei. Fiquei muito feliz quando Ronaldo fez os dois gols na final contra a Alemanha. Ele é um grande ídolo e foi o melhor jogador daquela Seleção. Com sua atuação na conquista do Penta, provou ao País que tinha condições de se reerguer depois de tudo o que havia sofrido. Assisti à final junto com outros feirantes, enquanto trabalhávamos no varejão da Penha, na zona leste de São Paulo. Na verdade, na hora da partida, ninguém trabalhou! Colocamos uma televisão no meio da rua, e ficamos vendo o jogo e tomando cerveja. Quando a partida terminou, desmontei as barracas e fui comemorar na Praça Silvio Romero.*

Ronaldo, Dunga e Cafu.

Taffarel; Cafu, Aldair, Roque Júnior e Roberto Carlos; Mauro Silva, Dunga e Kaká; Rivaldo, Ronaldo e Romário.

Luiz Felipe Scolari. 99

Ecivaldo Cavalcanti Pereira, trabalha como frangueiro em diversas feiras livres em São Paulo e no varejão do Ceagesp

85

66 *Em junho de 1970, eu tinha 14 anos e morava em Vitória da Conquista, BA. Naquela época, televisão era um artigo de luxo; poucas residências possuíam uma. A sala de minha casa era como se fosse uma arquibancada de estádio, de tantos amigos e vizinhos que se reuniam para assistir às partidas.*
Brasil x Inglaterra foi, para mim, o jogo mais difícil e importante da Copa. E ainda teve o lance mais marcante: aos 14 minutos do segundo tempo, as perfeições dos passes até o arremate de Jairzinho, o Furacão da Copa, no golaço que nos deu a vitória. O resto todos já sabem.

Pelé, Romário e Ronaldo.

Gylmar; Carlos Alberto, Bellini, Aldair e Nilton Santos; Didi e Gérson; Pelé, Garrincha, Ronaldo e Rivellino.

Luiz Felipe Scolari. 99

Ednaldo Rodrigues Gomes, presidente da Federação Bahiana de Futebol

86

66 *Lembro-me muito das Copas de 58 e 62, quando eu era um garoto e torcia pela Seleção. Na Copa de 66, fui convocado, mas não joguei nenhuma partida. Por isso, a Copa de 70 é a mais importante para mim. Fiz parte do time que ganhou, em definitivo, a Taça Jules Rimet e fez o País todo ficar em festa.*

Foram muitos os momentos marcantes em 1970, porém o maior de todos foi o jogo que eu participei, na vitória por 3 x 2 contra a Romênia. Entrei só um pouquinho, aos 29 minutos do segundo tempo. Foi a realização de um dos meus sonhos de garoto – o outro, que era jogar numa grande equipe do Brasil, também realizei no Santos.

Difícil nomear apenas três jogadores. O futebol é um esporte coletivo; ninguém joga sozinho, um depende do outro. O Brasil teve jogadores fantásticos, como Pelé, Garrincha, Didi, Amarildo, Vavá, Coutinho, Zito, Mazzola...

É complicado também escalar uma seleção com apenas 11 jogadores e deixar de fora nomes tão importantes. E todos os cinco técnicos campeões também tiveram, cada um a sua maneira, importância para as conquistas. 99

Edu, Jonas Eduardo Américo , *Campeão pela Seleção Brasileira na Copa de 1970*

87

66 *Em 1994, residia em Erechim, RS, e acompanhei todos os jogos da Copa. Lembro-me bem da final contra a Itália. Era um lindo dia de sol e calor, e assisti à partida com cerca de dez amigos, em uma televisão colocada praticamente na rua. Meia hora antes do jogo, circulei pela cidade, mas não encontrei ninguém nas ruas; parecia uma cidade fantasma. Todos estavam em suas casas, vidrados na televisão. No momento dos pênaltis, nos ajoelhamos e rezamos efusivamente em cada cobrança. Sem sombra de dúvida, foi a Copa mais emocionante que acompanhei, tanto pelas dificuldades que o Brasil enfrentou nas Eliminatórias (com a classificação no último jogo) quanto pelos desafios durante a competição. Emoção que aumentou dramaticamente com a decisão por pênaltis, e o inesquecível erro de Roberto Baggio.*

Pelé, Romário e Ronaldo.

Taffarel; Djalma Santos, Lúcio, Piazza e Roberto Carlos; Zito, Gérson, Rivellino e Pelé; Ronaldo e Romário.

Luiz Felipe Scolari. 99

Eduardo Carlezzo, *advogado, sócio-fundador da Carlezzo Advogados*

88

66 *A Seleção Brasileira de 70 foi um time excepcional. Tinha ótimos jogadores, além de Pelé, em sua despedida de Copas do Mundo. Eu tinha 20 anos, e assisti com a família à final contra a Itália, no bairro da Casa Verde, em São Paulo.*
Destaco dois lances da vitória por 4 x 1. No terceiro gol do Brasil, o lançamento de 50 metros de Gérson para o toque de cabeça de Pelé, que deixou Jairzinho de cara com o gol. E o gol de Carlos Alberto Torres, o último da partida e da Copa.
Vibrei muito quando o nosso Capitão levantou a Taça de Campeão! Foi uma alegria extraordinária ver o Brasil ser Tri.

Gérson, Pelé e Tostão.

Félix; Carlos Alberto, Brito, Piazza e Everaldo; Clodoaldo, Gérson e Rivellino; Jairzinho, Tostão e Pelé.

Mário Lobo Zagallo. 99

Eduardo de Souza, *motorista; desde 1990, presta serviços para empresas jornalísticas como Manchete, Cultura e Folha de S.Paulo*

89

" Tive a oportunidade de assistir, ao vivo e a cores, a todos os Mundiais a partir de 1970. Apesar de eu ter apenas sete anos de idade, a Copa de 70 foi a que mais me marcou. Acredito que, guardadas as proporções, foi a melhor equipe brasileira de todos os tempos. O time sobrava em campo, um elenco comandado pelo Rei do Futebol, nosso querido Pelé, e que contava ainda com gênios como Tostão e Carlos Alberto, além da velocidade de Jairzinho.
E, para mim, foi Jairzinho quem protagonizou o gol mais marcante de todas as Copas vencidas pelo Brasil. O passe de Tostão, a velocidade e a conclusão de Jairzinho, com uma bomba que estufou a rede da Inglaterra, permanecem e continuarão a permanecer forte na minha lembrança.

Pelé, Garrincha e Ronaldo.

Taffarel; Carlos Alberto, Aldair, Lúcio e Branco; Gérson, Rivellino e Clodoaldo; Pelé, Garrincha e Tostão.

Mário Lobo Zagallo. "

Eduardo Gayotto, diretor-geral da Gayotto Sports

90

" O gol de Pelé contra o País de Gales. Eles jogaram totalmente na retranca contra o Brasil, em 1958. O tempo passava, e nada de sair o gol que levaria a Seleção às semifinais. Quase aos 30 minutos do segundo tempo, Pelé entra na área – bem marcado pelos defensores – e aplica um chapéu no zagueiro (coisa raríssima de se ver naquela época) e gira de primeira, para marcar um gol inesquecível; pela beleza e raridade da jogada em jogos de Copa do Mundo e por ter superado, de forma mágica, uma barreira que se apresentava praticamente intransponível.

Pelé, Garrincha e Ronaldo.

Gylmar; Djalma Santos, Mauro, Márcio Santos e Nilton Santos; Clodoaldo e Didi; Garrincha, Ronaldo, Pelé e Romário.

Vicente Feola. "

Eduardo Souza Aranha, diretor-executivo da Souza Aranha Consultoria de Marketing de Relacionamento & CRM

91

" Minha lembrança é de 1958, Brasil 5 x 2 Suécia. Eu tinha 11 anos e morava em Ribeirão Claro, no norte do Paraná. Sentado em cima de um muro e com um radinho de pilhas, acompanhei com emoção a narração do jogo. Ainda menino, ouvi o Brasil ser Campeão do Mundo pela primeira vez. O tempo passa, e essas lembranças ficam cada vez mais vivas.

Pelé, Garrincha e Gylmar.

Gylmar; Djalma Santos, Zito, Bellini e Nilton Santos; Orlando, Garrincha, Didi; Pelé, Vavá e Zagallo.

Vicente Feola. "

Elcio Anibal de Lucca, presidente do Conselho Superior do Movimento Brasil Competitivo

92

"*Até hoje, não me conformo com a pedrada que deram na cabeça de Garrincha, na semifinal contra o Chile, na Copa de 62. Mané não batia em ninguém. Ele ser expulso foi um absurdo! E ainda levou uma pedrada da torcida quando estava saindo de campo! Fiquei louca! Invadi o gramado, não tinha noção do que estava fazendo. A polícia soltou a cachorrada para cima de mim. Eu andando, e os cachorros vindo atrás, querendo morder minha bunda! Foi tanta injustiça que depois se arrependeram e deixaram Mané jogar a final.*

Eu já era bem famosa em 1962, viajava pelo mundo cantando. Mas não tinha noção do frio que fazia no Chile. Emprestaram-me um casaco de vison da primeira-dama chilena; não me lembro nem do nome dela. O primeiro gol do Brasil foi tão alucinante, pulei tanto, senti tanto calor, que joguei o casaco para o alto e até agora estou esperando ele voltar! Assistia aos jogos junto com os jornalistas e alguns amigos. Sabia que ali não era o meu lugar. Torci e acompanhei tudo de perto. Antes da final, Mané virou para mim e disse: '— Vou ganhar esta Copa para você! Vou jogar e te dar esta Copa. Não vou te decepcionar!'. E ele jogou aquela final como nunca, mesmo queimando de febre. Eu me senti muito amada.

Mané não é vice em lugar nenhum do mundo. É o outro rei do futebol. O Brasil teve a felicidade de ter dois reis. Estive na Suécia em 2012, na festa de comemoração dos 50 anos do Bicampeonato. É inacreditável como ele é idolatrado lá. As pessoas me abraçavam como se estivessem abraçando Mané. Ele é muito querido até hoje. Queria que fosse assim aqui no Brasil. Luto muito para manter viva sua memória. Ameacei fazer greve de fome quando divulgaram que trocariam o nome do Estádio Mané Garrincha, em Brasília. Ainda bem que voltaram atrás. Aquele estádio é o que restou de Mané. O nome do estádio e eu.

Garrincha, Pelé e Gylmar. E Amarildo, que jogou muito em 62.

Gylmar; Djalma Santos, Mauro, Zózimo e Nilton Santos; Zito e Didi; Garrincha, Pelé, Vavá e Zagallo.

Aymoré Moreira."

Elza Soares, cantora, viúva de Garrincha e madrinha da Seleção Brasileira Campeã da Copa de 1962

93

"*Na minha infância, acompanhava por tabela as transmissões futebolísticas pelo rádio enquanto ajudava a pintar cartazes de cinema na oficina de pintura do meu pai. Adorava a forma divertida dos locutores narrarem os jogos. Minhas primeiras lembranças de futebol estão ligadas ao Canal 100, que assistia nas matinês do cinema enquanto meu pai fazia a instalação dos cartazes na fachada do prédio.*

Até a Copa de 1970, eu não sabia o que era assistir ao vivo jogos de futebol, com a locução acompanhada pela imagem. Isso tudo mudou quando meu pai comprou uma TV portátil preto e branco para que a sua equipe pudesse ver na oficina os jogos do Brasil. Como todo mundo, emocionei-me com a música 'Pra frente Brasil', com a transmissão ao vivo pela TV, fato inédito no país, e com as chances de sairmos vitoriosos. Aquele período também significava incertezas do caminho profissional que eu iria seguir. Minha vida profissional estava na marca do pênalti. E a definição veio durante a final Brasil x Itália. Aos 18 minutos, Pelé acertou o canto esquerdo de Albertosi, fazendo o primeiro gol do

jogo. Simultaneamente aos gritos de gol, o telefone tocou, e recebi a notícia de que havia conseguido a admissão no curso preparatório para Artes Plásticas da FAAP. Fiquei tão alegre com a notícia que gritei a todos que estavam na sala: '— O Brasil vai ser Tricampeão, e eu vou entrar na faculdade este ano!'.

O Brasil foi campeão, e eu me formei desenhista industrial. A partir da Copa de 70, o design entrou na minha vida e me acompanha até hoje. Uma ótima companhia, tão perfeita quanto um gol de Pelé numa final de Copa do Mundo!

Pelé, Romário e Ronaldo.

Félix, Carlos Alberto, Brito, Piazza e Everaldo; Clodoaldo, Gérson e Rivellino, Jairzinho, Tostão e Pelé.

Mário Lobo Zagallo.

Elza Tsumori, diretora de negócios da Casa Barcelona e acadêmica da ABRAESPORTE

94

" Japão, junho de 1970. Juntamente com mais sete companheiros de profissão, lá estávamos participando de um treinamento objetivando a implantação dos sistemas de telecomunicações no Norte do Brasil. Seríamos aqueles que levariam 'a Voz do Norte' para todo o mundo. Ao mesmo tempo, a Seleção Brasileira tentava o Tricampeonato no México.

Em Tóquio, o futebol ainda não constituía uma preferência popular. O jornal Asahi Times abordava, em pequenas notas, o desenrolar dos resultados. Não havia transmissão de TV, e poucas rádios transmitiam pela madrugada; uma sintonia difícil e ruidosa.

Nossas atividades profissionais diurnas provocavam sono rápido nas primeiras horas da noite, reduzindo ao mínimo o público ouvinte. As cartas que recebíamos da família falavam da emoção do povo brasileiro diante das televisões.

A vitória categórica sobre o Peru colocou o Brasil diante do Uruguai na semifinal. Um momento histórico! Uma rara oportunidade para lavar a alma do torcedor brasileiro, amargurado pela derrota no Maracanã, em 1950, onde estive presente, com meus 13 anos de idade.

O resultado de 3 x 1 nos permitiu enfrentar a Itália na final. Para esse jogo, nosso grupo de trabalho no Japão combinou de não dormir, apesar do cansaço. Mais que um grande lance, a sequência de gols que saíram dos pés de Pelé, Gérson, Jairzinho e Carlos Alberto revelaram, numa só partida, o talento e a competência dos craques brasileiros. Pelo que significou para a afirmação do nosso futebol, tenho nesses gols a referência que mais me marcou. Hoje, quando nos reencontramos, festejamos a alegria que 1970 nos proporcionou.

Garrincha, Pelé e Nilton Santos.

Gylmar; Djalma Santos, Mauro, Orlando e Nilton Santos; Zito, Didi e Garrincha; Tostão, Pelé e Zagallo.

Mário Lobo Zagallo. "

Eraldo Montenegro, consultor e escritor

95

" Meu momento mais marcante foi o gol marcado por Branco, de falta, no jogo entre Brasil e Holanda, pelas quartas de final da Copa do Mundo de 94. Aos 36 do segundo tempo, num jogo que estava parecendo levar por água abaixo o sonho de ver o Brasil campeão, a bomba salvadora de Branco foi o momento de maior explosão naquela sofrida conquista. Estávamos todos reunidos na casa do meu tio Joelmir Beting, em Campos do Jordão, SP. Éramos em quase 20 pessoas, com os mais velhos da turma já vociferando contra o futebol pragmático de Parreira. Quando o gol saiu, lembro-me de correr pelo quintal da casa, berrando feito louco, chorando e abraçando quem encontrasse pela frente. Sim, os 20 que estavam na sala corriam pelo quintal como loucos. Assim que o jogo acabou, lembro que liguei para o meu pai, que ficou em São Paulo, e comemoramos juntos aquele que tinha sido o 'jogo do título'. Foi, também, o primeiro e último título do Brasil comemorado junto com ele.

Pelé, Romário e Amarildo.

Marcos; Carlos Alberto, Aldair, Márcio Santos e Nilton Santos; Gérson, Pelé e Tostão; Romário, Rivaldo e Ronaldo.

Luiz Felipe Scolari. 99

Erich Beting, jornalista

96

66 O fato mais marcante foi a final da Copa de 58, quando o Brasil teve que jogar com o uniforme azul porque a Suécia também estaria com uma camisa amarela e o jogo não poderia ocorrer com duas seleções trajadas na mesma cor. Por isso, os dirigentes brasileiros precisaram comprar camisas da cor azul em lojas. Como, na época, a Seleção era supersticiosa, ficaram com medo de que a nova camisa pudesse dar azar. Foi quando se teve a ideia de associar a camisa à imagem de Nossa Senhora da Aparecida, criando, então, o 'manto sagrado' de Nossa Senhora da Aparecida.

Os pernambucanos Vavá, Rivaldo e Ricardo Rocha.

Leão; Carlos Alberto, Piazza, Ricardo Rocha e Nilton Santos; Clodoaldo, Gérson e Pelé; Rivaldo, Vavá e Garrincha.

Mário Lobo Zagallo. 99

Evandro de Barros Carvalho, presidente da Federação Pernambucana de Futebol

97

66 O momento mais marcante para mim foi na final contra a Alemanha, na Copa de 2002, quando Ronaldo fez o primeiro gol. Lembro-me de que todos achavam que seria impossível fazer um gol em Oliver Kahn, mas Ronaldo, mesmo depois de dois anos parado, conseguiu! Naquele momento, eu já sabia que o título seria nosso!

Pelé, Dunga e Ronaldo.

Marcos; Djalma Santos, Lúcio e Roberto Carlos; Dunga, Mauro Silva, Rivellino e Rivaldo; Garrincha, Pelé e Ronaldo.

Luiz Felipe Scolari. 99

Fabiana Justus, empresária de moda, está à frente da Pop Up Store

98

66 Embora eu não considere a conquista do Tetra a mais brilhante, a Copa de 94 foi a mais inesquecível para mim porque eu fazia parte de uma geração que não havia visto nenhuma conquista ainda.
O momento mais inesquecível dessa Copa foi o jogo contra a Holanda, especificamente o

lance do gol de falta do lateral Branco, após o Brasil ter aberto 2 x 0 e permitido o empate. Lembro-me de estar entre meus familiares, na sala da casa dos meus pais; no momento da cobrança da falta, todos nós estávamos em profundo silêncio, rompido, obviamente, na hora do gol. A partir desse lance, tive a certeza de que a Copa seria nossa.

Pelé, Garrincha e Romário.

Gylmar; Carlos Alberto, Aldair, Bellini e Nilton Santos; Zito, Rivellino e Pelé; Garrincha, Romário e Ronaldo.

Vicente Feola.

Fabio Borgonove, administrador de empresas e gerente de projetos de TI da Accenture

99

" Como nasci em 1970, as conquistas que realmente acompanhei foram as de 1994 e 2002, a última em especial. A Seleção chegou à Copa descreditada, depois de quase não se classificar nas Eliminatórias. Os dois gols de Ronaldo na final contra a Alemanha foram marcantes, representaram a consagração depois de tudo o que ele passou e sofreu. Ronaldo deu uma lição de superação, insistência e garra. Mostrou que não podemos desistir nunca, que é possível dar a volta por cima sim!

Pelé, Romário e Ronaldo.

Félix; Cafu, Bellini, Ricardo Rocha e Nilton Santos; Didi, Gérson e Rivellino; Pelé, Ronaldo e Romário.

Luiz Felipe Scolari.

Fabio Camara, engenheiro agrônomo e diretor técnico da World Sports Gramados Esportivos

100

" Eu tinha sete anos, em 1970, e meus pais, italianos, me levaram para passar férias na Itália. Dias antes, ganhei uma vitrolinha vermelha à pilha de última geração; no aeroporto, ainda no Brasil, compramos a revista Cruzeiro, que vinha, na página central, com a foto da Seleção Brasileira e um disquinho com o Hino Nacional. Não deu outra: final da Copa, Brasil e Itália, eu em Fano, cidadezinha italiana, ouvindo o jogo. A cada gol brasileiro, eu pegava minha bandeira de papel e a vitrolinha tocando o Hino no último volume e saía gritando pela rua: '— Brasil!'.

Pelé, Rivellino e Rivaldo.

Marcos; Carlos Alberto, Djalma Santos, Piazza e Roberto Carlos; Gérson, Tostão, Rivaldo e Rivellino; Pelé e Romário.

Mário Lobo Zagallo.

Fabio Mancurti, empresário

101

" Copa de 70, no México, Brasil x Inglaterra. Pelé recebeu a bola na entrada da área. Com uma tranquilidade absurda e sem olhar para trás nem para o lado, de forma precisa, mas aparentando displicência, ele encaminhou suavemente a bola para um ponto futuro, onde apareceu um 'furacão', vindo da retaguarda em velocidade, que encheu o pé e estufou o barbante. Não sei se foi por causa desse lance que Jairzinho ficou conhecido como o Furacão da Copa. Eu tinha 15 anos, morava no Jardim Nossa Senhora do Carmo, em Itaquera, e assistia ao

jogo na casa do meu amigo Betão. Pulamos tanto com o gol que quebramos o sofá e levamos uma baita bronca. Foi o momento mais intensamente vivido por mim em todas as conquistas da nossa Seleção.

Pelé, Didi e Garrincha.

Gylmar; Djalma Santos, Bellini, Orlando e Nilton Santos; Zito, Didi e Zagallo; Garrincha, Vavá e Pelé.

Mário Lobo Zagallo. "

Fabio Mestriner, professor coordenador do Núcleo de Estudos da Embalagem da ESPM

No final, ver Taffarel pulando, e a bola do Baggio saindo para fora, foi indescritível. Lembro-me de que a primeira coisa que fiz foi sair correndo para abraçar meu pai, o cara que me mostrou e ensinou a paixão sadia pelo futebol.

Pelé, Dunga e Ronaldo.

Gylmar; Carlos Alberto, Mauro, Orlando e Nilton Santos; Clodoaldo, Gérson e Rivellino; Garrincha, Pelé e Ronaldo.

Mário Lobo Zagallo. "

Felipe Rosa, gerente de marketing da Umbro Brasil

102

" Sem dúvida, o pênalti perdido por Roberto Baggio, que resultou no Tetracampeonato do Brasil, em 1994. Sempre fui fanático por futebol. Naquela época, eu tinha 12 anos, e era a primeira Copa que eu acompanhava - já seguia os jogadores, analisava táticas, tinha álbum de figurinhas etc.
Eu estava gravando a final em VHS, pois era o jogo mais importante na minha vida como torcedor. Eu estava num churrasco com meu irmão, meus pais e alguns amigos deles. A pressão era muito intensa durante a partida, pois fazia anos que o Brasil não conquistava um título em Mundiais. O jogo todo foi emocionante. Muitos lances perigosos, como o de Massaro, que perdeu um gol cara a cara com Taffarel; o chute de Mauro Silva na trave; Pagliuca beijando a trave; Romário perdendo um gol na prorrogação; Viola entrando após ter falado que havia sonhado com o gol do título... Tudo naquele jogo foi sensacional.

103

" Minha memória mais incrível não é de um gol, mas de uma jogada de Denílson na semifinal contra a Turquia, na Copa de 2002. Ele entrou na partida para segurar a bola no ataque e, quase no final do segundo tempo, conseguiu prender quatro turcos no próprio campo. Com toda a sua habilidade, ele driblava, driblava, e os turcos corriam atrás, porém não conseguiam tomar a bola dele. Esse lance ajudou a Seleção a ganhar um jogo dificílimo. Uma jogada que, além de importante, foi muito curiosa e engraçada.

Pelé, Romário e Ronaldo.

Marcos; Carlos Alberto, Brito, Roque Júnior e Roberto Carlos; Dunga, Clodoaldo e Gérson; Pelé, Romário e Ronaldo.

Luiz Felipe Scolari. "

Felippe Cardoso, comentarista esportivo da Rádio Globo, RJ

104

" Acompanhar o Brasil numa Copa é sempre inesquecível. Eu nasci em 1962 e lembro com muita emoção da Copa de 70, quando a Seleção Canarinho encantou o mundo. Nossa família reunida na sala, vendo as partidas na nossa primeira televisão a cores, minha mãe fazia pipoca; era diversão garantida. Eu brincava com meu pai e dizia que ele era mexicano, pois também usava um bigode parecido com o dos torcedores que eu via na TV. Depois dos jogos, adorava sair com meu pai e meu irmão mais velho para comemorar nossas vitórias no carro novo da família, um AeroWyllis amarelo, agitando a bandeira do Brasil.
O amarelo da camisa passa pela minha mente quando penso na final contra a Itália; os 4 x 1, com Gérson correndo para comemorar o gol com os dois braços levantados, e o soco no ar de Pelé, sua marca registrada. Quem, naquele dia, não saiu às ruas para gritar o hino dos '90 milhões em ação, pra frente Brasil, salve a Seleção...'? Entretanto, o jogo que mais me marcou foi Brasil x Inglaterra: Tostão passou a bola para Pelé, que tocou para Jairzinho fazer o gol! Tenho boas lembranças também da Copa de 94. Havíamos acabado de nos mudar para uma casa nova, com espaço para receber os três filhos do meu marido, meninos adolescentes! Não dá para esquecer a final, com as defesas de Taffarel e o pênalti que Roberto Baggio perdeu, ao chutar por cima da trave.
Em 2002, lembro-me da semifinal contra a Turquia, das defesas do goleiro Marcos e da final contra a Alemanha, com o quarteto dos 'Rs' – Ronaldo, Ronaldinho, Rivaldo e Roberto Carlos. Para mim, o lance mais marcante de todas as Copas: a cobrança de falta perfeita de Ronaldinho Gaúcho no 2 x 1 sobre a Inglaterra. De novo a Inglaterra! Vai ver que é por isso que acabei tendo um sócio inglês...

Gylmar, Pelé e Ronaldo.

Gylmar; Cafu, Lúcio, Bellini e Nilton Santos; Gérson, Vavá, Pelé e Tostão; Ronaldo e Romário.

Luiz Felipe Scolari. "

Fernanda de Carvalho, CEO da Nextar Communications

105

" Meu momento inesquecível foi o primeiro gol do Brasil na final da Copa de 2002 contra a Alemanha. Rivaldo fez um corta-luz, deixando a bola passar para Ronaldo Fenômeno, que, com o pé direito, acertou um chute espetacular fora do alcance de Oliver Khan. O goleiro alemão havia sido eleito, antecipada e injustamente, o melhor jogador da Copa. Eu assistia àquele jogo com toda a minha família, e o gol nos fez explodir de alegria.

Pelé, Romário e Ronaldo.

Marcos; Cafu, Brito, Bellini e Roberto Carlos; Clodoaldo, Didi e Gérson; Pelé, Ronaldo e Romário.

Luiz Felipe Scolari. "

Fernando Chacon, diretor-executivo do Itaú Unibanco

106

" Eu tinha 11, 12 anos na época da Copa de 94. Era fanático por futebol – cheguei a jogar no Corinthians até meus 16 anos –, e

Bebeto e Romário eram meus grandes ídolos de infância.
No dia da decisão contra a Itália, meu pai convidou vários amigos para ver o jogo lá em casa. Estava uma bagunça na sala, muita gente, muito barulho. Eu não conseguia me concentrar e resolvi me trancar no quarto junto com um primo. Nós tínhamos a mesma idade e vários rituais para ajudar o Brasil a ganhar aquela Copa - até dormimos com a camisa da Seleção na véspera da final! Na hora dos pênaltis, jogamos água para benzer a TV. Valia qualquer mandinga para reforçar a torcida! Deu tudo certo, e fomos campeões! Tínhamos a velha tradição de pintar o chão da nossa rua com desenhos coloridos relacionados aos jogos da Copa. Logo que acabou a final, saímos para completar nosso 'mural' e comemorar o Tetracampeonato!

Pelé, Romário e Ronaldo. Mas considero que Rivaldo foi tão importante quanto Ronaldo na conquista do Penta.

Taffarel; Cafu, Aldair, Piazza e Roberto Carlos; Zito, Rivellino e Pelé; Garrincha, Romário e Ronaldo.

Mário Lobo Zagallo. 99

Fernando Mendes, gerente de Marketing da Scopel Desenvolvimento Imobiliário

107

66 *O lance que mais me marcou foi justamente um que apenas assisti em vídeos (pois, não era nem nascido, sou de 1975): o gol de Carlos Alberto Torres na final contra a Itália, em 1970. Esse gol é emocionante devido à plástica da jogada refinada, misturada com a agressividade que o lance exigia.*
Na primeira vez que vi a jogada, eu estava na sala de casa, tinha entre 9 e 10 anos e comemorei como se fosse ao vivo. Todos os presentes não entenderam nada; segundos depois, começaram a rir. Desde então, esse momento ficou marcado na minha história.

Garrincha, Pelé e Ronaldo.

Marcos; Carlos Alberto, Bellini, Márcio Santos e Nilton Santos; Clodoaldo, Gérson e Rivellino; Garrincha, Pelé e Ronaldo.

Luiz Felipe Scolari. 99

Fernando Millaré, preparador físico do Esporte Clube Pinheiros e da Seleção Brasileira de handebol juvenil masculino

108

66 *A Copa de 70 foi, sem dúvida, a mais marcante da minha vida. Eu tinha 10 anos e assisti ao jogo de abertura - México 0 x 0 URSS - na casa do meu avô. Depois, acompanhei os jogos do Brasil na casa dos meus pais. A primeira Copa do Mundo com transmissão pela TV, família reunida... Aquele aparelho na sala mudou a forma de acompanhar o futebol.*
Difícil é selecionar um lance entre o drible de Pelé em Mazurkiewicz, a defesa de Banks na cabeçada de Pelé, a defesa de Félix contra Lee, o gol de Jairzinho contra a Checoslováquia, o chute de Pelé do meio-campo, os gols de Gérson e Carlos Alberto contra a Itália...
Fico com o gol contra a Inglaterra porque foi o jogo mais difícil da Copa. Foi uma jogada maravilhosa. Tostão improvisa com muita técnica; a matada e o passe de Pelé são característicos do Rei; Jairzinho explode a rede. Foi um jogo duríssimo, pegado; mostrou que ninguém ganha só na técnica. Banks fez uma partida fantástica; Félix teve uma grande atuação. Os campeões mundiais eram favoritos, e o resultado foi surpreendente.

Pelé, Garrincha e Romário.

Gylmar; Djalma Santos, Lúcio, Orlando e Nilton Santos; Zito, Gérson e Didi; Garrincha, Romário e Pelé.

Mário Lobo Zagallo. 99

Fernando Sampaio, comentarista da Rádio Jovem Pan

109

66 *Eu tinha oito anos e jogava de ponta-direita num time de crianças do meu bairro, no subúrbio de Goiânia. Eu não sabia direito como funcionava o jogo de futebol, só sabia que lateral defendia e ponta atacava.
Meu pai e meus tios gostavam de assistir aos jogos pela TV, num bar perto da nossa casa, Bar São Sebastião. Na final da Copa de 70, era lá onde eu estava, junto com os adultos, que bebiam cerveja e petiscavam alguma coisa, enquanto eu me entupia de guaraná. Nunca me esqueço daquele bar, que trazia nas paredes fotos dos jogadores do Brasil, recortadas de jornais e revistas.
Menino, eu ficava fascinado com os jogos na televisão novinha, colorida, colocada em cima de um engradado de garrafas vazias. Todo o ambiente era fascinante; eu estava entre os adultos, vendo uma final de Copa do Mundo, ao lado do meu pai e dos meus tios, como se fosse gente grande!
Lembro-me bem de quando meu pai me jogou para o alto, como se eu fosse um dos campeões do mundo, logo depois do gol de Carlos Alberto, que fechou a goleada sobre a Itália, na decisão do título.
A euforia era geral, e eu estava espantado: 'O Carlos Alberto não era lateral? E lateral pode atacar?'. E mais ainda: 'Pode fazer gol, como se fosse ponta-direita?'.*

Depois daquele lance, fui obrigado a rever meus parcos conhecimentos futebolísticos.

Pelé, Garrincha e Ronaldo.

Taffarel; Carlos Alberto, Bellini, Aldair e Nilton Santos; Clodoaldo, Didi e Gérson; Garrincha, Pelé e Ronaldo.

Aymoré Moreira. 99

Flávio Carneiro, escritor

110

66 *São tantos os lances emocionantes... Como a defesa do goleiro inglês Gordon Banks na cabeçada de Pelé e o início da jogada de Clodoaldo no quarto gol brasileiro da final contra a Itália, ambos na Copa de 70. Ou, em 2002, os quatro turcos correndo atrás de Denílson na semifinal e a defesa de Marcos (aos 3 minutos do segundo tempo) e o segundo gol de Ronaldo Fenômeno na final contra a Alemanha.
Mas destaco o terceiro gol do Brasil na final de 1958 contra a Suécia, marcado por Pelé. Foi um gol de gênio; saindo de uma falta que poderia lhe quebrar o joelho, ele deu um chapéu maravilhoso e de primeira colocou no canto do goleiro. Ali nasceu o melhor do mundo, o melhor de todos os tempos, mostrando que para ser gênio e ter sucesso não precisa de idade ou experiência, precisa de talento!!*

Pelé, Garrincha e Ronaldo.

Gylmar; Carlos Alberto, Bellini, Mauro e Nilton Santos; Zito, Didi e Gérson; Garrincha, Tostão e Pelé.

Mário Lobo Zagallo. 99

Flavio Faveco, consultor de marketing

111

"O lance mais marcante é o quarto gol do Brasil contra a Itália, na final da Copa de 70. Começa com os dribles de Clodoaldo em dois italianos. Chega a Pelé, que olha para um lado e rola a bola para um espaço 'vazio' na outra ponta. Nesse espaço 'vazio', chega Carlos Alberto Torres e chuta seco, depois de a bola quicar certinho, para que ele pegasse de peito de pé.
O jogo estava decidido, mas o lance coletivo marcou aquela vitória e aquele momento de união de um supertime vencedor, que dificilmente será remontado com o mesmo nível no Brasil.

Pelé, Garrincha e Ronaldo.

Gylmar; Djalma Santos, Mauro, Roque Júnior e Nilton Santos; Clodoaldo e Didi; Garrincha, Pelé, Ronaldo e Zagallo.

Mário Lobo Zagallo."

Flavio Prado, jornalista esportivo

112

"O gol que eu mais me lembro foi o de Branco contra a Holanda na Copa de 94. Além de ter sido um gol muito importante, fiquei impressionado com o contorcionismo que Romário teve de fazer para a bola não bater nele e entrar no gol. Foi uma reação instintiva fantástica e que tirou o goleiro da jogada.

Pelé, Ronaldo e Romário.

Félix; Djalma Santos, Lúcio, Márcio Santos e Branco; Gérson, Ronaldinho Gaúcho e Zagallo; Jairzinho, Ronaldo e Pelé.

Carlos Alberto Parreira."

Flávio "the Legendary" Álvaro, lutador profissional de MMA

113

"Os dois passos para frente de Nilton Santos, em Viña del Mar, no dia 6 de junho de 1962, na Copa do Mundo do Chile. Passos que deram, indiretamente e depois, o campeonato para o Brasil.
O time do Brasil não vinha bem. Pelé havia sofrido uma lesão na coxa na partida anterior – empate com a Checoslováquia por 0 x 0 – e acabou fora da competição. A Espanha vencia o Brasil por 1 x 0, e Enrique Collar foi derrubado por Nilton Santos dentro da área. Imediatamente, Nilton dá dois passos para a frente e engana o juiz Sergio Bustamante. Com 2 x 0, seria difícil reverter o placar. Na sequência da partida, num cruzamento de Zagallo aos 27 minutos do segundo tempo, Amarildo conseguiu empatar; e, a quatro minutos do final, em outro cruzamento, dessa vez de Garrincha, Amarildo novamente enfia a bola na rede e muda a história da Copa. Mas, se não fossem aqueles dois passos do Nilton Santos... Isso sempre me lembra da importância de se dar, em tudo, dois passos a mais; de caminhar para a frente.

Pelé, Didi e Garrincha.

Marcos; Djalma Santos, Mauro, Piazza e Nilton Santos; Zito, Didi e Rivellino; Garrincha, Vavá e Pelé.

Mário Lobo Zagallo."

Francisco Alberto Madia de Souza, escritor e consultor de marketing

114

" Desde 1994, tenho assistido a todas as Copas pessoalmente. Tive o privilégio de ver o Brasil ser campeão duas vezes. Foram experiências muito diferentes. Na Copa do Japão, em 2002, o ambiente era mais frio, menos caloroso. Havia certa rejeição aos brasileiros. Já na Copa de 94, nos Estados Unidos, deu tudo certo. Fomos muito bem recebidos pelos americanos, o clima ajudou. Minha mulher, minhas filhas e eu ficamos hospedados na casa de amigos. Foi uma verdadeira festa quando ganhamos o título. O primeiro título de uma Copa do Mundo a gente nunca esquece!
Um dos momentos mais marcantes foi o gol de falta de Branco nas quartas de final contra a Holanda. O Brasil estava morto em campo, os holandeses haviam crescido depois de empatar a partida em 2 a 2 e poderiam virar o placar em questão de minutos. O gol de Branco foi um balde de água fria na Holanda, e nos classificou para a semifinal.

Pelé, Romário e Ronaldo.

Taffarel; Carlos Alberto, Brito, Piazza e Everaldo; Clodoaldo, Gérson e Rivellino; Jairzinho, Tostão e Pelé.

Mário Lobo Zagallo. "

Francisco Novelletto Neto, presidente da Federação Gaúcha de Futebol

115

" A Copa que mais me marcou foi a de 82; infelizmente, o Brasil não se sagrou campeão. Não assisti às Copas de 70 nem de 74, pois eu era muito novo. Por isso, fico com um lance da Copa de 2002, aquele gol de bico de Ronaldo contra a Turquia, na semifinal. Foi um jogo apertado, o placar insistia em permanecer no 0 x 0; e o gol de Ronaldo, no segundo tempo, levou a Seleção Brasileira à final contra a Alemanha.

Taffarel, Rivaldo e Ronaldo.

Taffarel; Djalma Santos, Mauro, Piazza e Nilton Santos; Clodoaldo, Gérson, Rivellino; Garrincha, Pelé e Ronaldo.

Aymoré Moreira. "

Frank Alcântara, presidente da Itaipava Arena Fonte Nova

116

" Sem dúvida, o lance que mais me marcou foi o drible da vaca que Pelé deu em Mazurkiewicz; a bola acabou saindo de campo, pertinho da trave. Aconteceu na Copa de 70, quando o Brasil colocou em campo a melhor Seleção de todos os tempos, e o arquiteto do lance foi o melhor jogador de todos os tempos.

Garrincha, Pelé e Romário.

Gylmar; Carlos Alberto, Nilton Santos, Zito e Clodoaldo; Gérson, Rivellino e Garrincha; Tostão, Romário e Pelé.

Vicente Feola. "

Franklin L. Feder, presidente da Alcoa América Latina & Caribe

117

" *Já faz alguns anos que o futebol que a Seleção Brasileira apresenta não me deixa mais tão empolgado. Não tem mais aquela de ficar aflito antes e durante os jogos, de quase entrar na tela do televisor para ajudar a direção da bola. Acredito que o último arroubo de torcedor canarinho que tive foi em 1982. Depois daquela tempestade, veio a bonança ou a sábia espiritualidade de saber perder.*

Alegria mesmo foi a Seleção de 70; o melhor futebol do mundo e o melhor tempo para relembrar. Meu pai ainda vivo, a ingenuidade dos quase 18 anos, a militância política, Laudicéia e/ou Marisa, meus primeiros amores. Tudo isso culminando na perfeita matemática divina do passe de Pelé para Carlos Alberto, e aquele gol dando-nos a certeza de que o Brasil ainda daria certo. Depois daquele jogo, o regime político na Nação podia tranquilamente ser monárquico: tínhamos um Rei, uma corte de nobres e um povo feliz com esse reinado.

Pelé, Carlos Alberto e Gérson.

Félix; Carlos Alberto, Brito, Piazza e Everaldo; Clodoaldo, Gérson e Rivellino; Jairzinho, Tostão e Pelé.

Mário Lobo Zagallo. "

Frederico Paukoski Wilche, presidente da Federação Paulista de Triathlon

118

" *O lance que me vem à mente agora é o primeiro gol de Ronaldo contra a Alemanha, na final de 2002; chute de Rivaldo e rebote do goleiro Khan, que estava pegando tudo. A jogada marcante e emblemática nasceu de uma bola recuperada por Ronaldo, que levantou como um guerreiro ferido após ter sido derrubado por um adversário, quando a Alemanha já saía jogando.*

Simboliza bem a volta por cima de 'R9', depois de sua grave contusão, bem como a derrota vergonhosa para a França do Zidane. Foi muito importante vencer essa Copa; a superação pessoal de Ronaldo era a superação de todos nós, brasileiros. Estava entalado na garganta aquele grito de Pentacampeão.

Não foi uma Copa brilhante, e contamos com a ajuda de erros de arbitragem e da sorte, mas valeu pela garra e, principalmente, pelo poder de reação, que, ao lado do talento, é uma das coisas mais bonitas do futebol e de todos os esportes.

Todos foram importantíssimos, mas Pelé, Garrincha e Zagallo merecem destaque por tudo que fizeram pela Seleção Brasileira em campanhas vitoriosas. "

Gabriel o Pensador, cantor e músico

119

" *A vitória da Seleção Brasileira por 3 x 1 sobre o Uruguai, na Copa de 70, me marcou pela sensação de vingança devido à perda da final, em 1950. Nesse jogo, aconteceram também aquelas duas jogadas incríveis de Pelé em cima do goleiro Mazurkiewicz, seus dois 'não gols': o drible da vaca, que a bola sai pela linha de fundo bem perto da trave, e o chute à queima-roupa após a cobrança de tiro de meta, que o goleiro defende.*

Pelé, Ronaldo e Rivellino.

Gylmar; Carlos Alberto, Mauro, Orlando e Nilton Santos; Clodoaldo, Gérson e Rivellino; Jairzinho, Ronaldo e Pelé.

Mário Lobo Zagallo. 🙶

Genaro Teixeira, taxista

120

🙷 O lance que mais me marcou foi o gol de Carlos Alberto na final da Copa de 70. Aquela jogada foi o fechamento de tudo. Eu tinha 18 anos na época e estava começando a curtir futebol. Morava em Salvador e via os jogos com os amigos num barzinho perto do meu prédio, o Edifício Plaza. A turma toda reunida, cachaça, uma grande festa. Depois das vitórias, tinha trio elétrico nas ruas, a maior comemoração.
Lembro-me também do gol de Clodoaldo contra o Uruguai. O Brasil perdia de 1 x 0, quando ele empatou no final do primeiro tempo e abriu caminho para a virada por 3 x 1. Foi um gol muito importante.

Pelé, Zagallo e Ronaldo.

Gylmar; Carlos Alberto, Aldair, Piazza e Nilton Santos; Clodoaldo, Gérson e Rivellino; Pelé, Tostão e Ronaldo.

Mário Lobo Zagallo. 🙶

Geraldo Barreto, engenheiro

121

🙷 Os lances que mais me marcaram foram meu lançamento de mais de 50 metros de distância no peito do Pelé, que culminou em um gol contra a seleção da Checoslováquia, na Copa de 70, no México. E quando o goleiro inglês Gordon Banks defendeu uma cabeçada de Pelé nessa mesma Copa.

Garrincha, Jairzinho, Tostão, Romário e Ronaldinho Gaúcho.

Félix; Carlos Alberto, Brito, Piazza e Everaldo; Clodoaldo, Gérson e Rivellino; Jairzinho, Tostão e Pelé.

Mário Lobo Zagallo. 🙶

Gérson de Oliveira Nunes ⭐, o "Canhotinha de Ouro", Campeão pela Seleção Brasileira na Copa de 1970

122

🙷 O lance que mais me marcou foi no Mundial de 94, nos Estados Unidos. A situação era difícil; ganhávamos da Holanda por 2 x 0, mas o adversário empatou o jogo, e estava a ponto de virar. Foi quando Parreira colocou Raí em campo, para fazer marcação; e todos sabem que essa não era a característica dele. Mas aí ocorreu um lance em frente ao banco de reservas, em que Raí deu um carrinho para travar a bola e o adversário; a bola sobrou dividida de novo, e ele deu outro carrinho; e a bola sobrou para outro jogador da Holanda; então, Raí deu o terceiro carrinho seguido e roubou a bola. Naquele momento, o banco de reservas inteiro já estava de pé, vibrando e dando apoio a ele. Ali, o time mostrou que todos estavam jogando, não apenas quem participava dentro de campo.

Na minha Copa (a de 94), foram Romário, Dunga e Zinho. Na de 1970, Pelé, Jairzinho e Tostão. Na Copa de 2002, Ronaldo, Rivaldo e Cafu. Nas copas de 1958 e de 1962, não tenho muita opinião, não acompanhei tanto.

Gylmar; Cafu, Bellini, Aldair e Nilton Santos; Clodoaldo, Didi e Pelé; Garrincha, Romário e Rivellino.

Carlos Alberto Parreira. 99

Gilmar Rinaldi ⭐, Campeão pela Seleção Brasileira na Copa de 1994

123

66 O 'não gol' ou o pênalti chutado por Roberto Baggio por cima de Taffarel, em 1994, no Rose Bowl, dando-nos a Copa. Aquele chute mal batido nos deu o Campeonato Mundial.
Naquele dia, por causa de um acidente de um amigo, eu havia me esquecido de que o Brasil jogaria a final nos Estados Unidos. O fuso horário também ajudou, pois muita coisa aconteceu naquele 17 de julho de 1994. Início do jogo: 12h35, hora local dos EUA.
Eu morava em Portugal, e um amigo que residia em Zurique, na Suíça, havia me convidado para assistirmos ao jogo. Viajei logo de manhã e, ao chegar, após duas horas de espera no aeroporto, deram-me a notícia do acidente e que esse amigo estava no hospital, na UTI, em situação grave. A família dele havia viajado para o Brasil, e eu era o único amigo - e, de certa forma, a única família. Esqueci-me totalmente do jogo e fiquei conversando com os médicos até que me informaram que ele estava fora de perigo. Eu não podia permanecer no hospital, por isso, conversei rapidamente com meu amigo - que me agradeceu, chorando por estar ali ao seu lado naquele momento de desespero e dor -, chamei um táxi e retornei do longo percurso.
Ao chegar a Zurique, por volta de 17h, horário europeu, vi várias bandeiras brasileiras. Sozinho, parei numa pequena praça com uma cervejaria e olhei para a tela; vi Baggio perder o gol e nos sagrarmos campeões. Gritei sozinho! Tinham vários italianos no bar que deviam até querer brigar comigo, mas ali despejei minha tristeza pelo amigo acidentado e minha alegria por ver o último momento do jogo.
Foi o 'não gol' mais feliz a que assisti e que mais gritei. Um misto de alegria e tristeza por estar sozinho em um momento que gostaria de ter pessoas amigas ao redor.

Pelé, Garrincha e Ronaldo.

Taffarel; Carlos Alberto, Aldair, Piazza e Nilton Santos; Clodoaldo, Gérson e Rivellino; Garrincha, Tostão e Pelé.

Carlos Alberto Parreira. 99

Gilson G. Novo, diretor do Grupo Águia

124

66 O que mais me marcou numa Copa conquistada pela Seleção Brasileira de futebol foi a atuação do jogador Jairzinho, que marcou gol em todos os jogos e ajudou o Brasil a ser campeão invicto em 1970. Foram sete gols em seis jogos: dois gols contra a Checoslováquia (4 x 1); um contra a Inglaterra (1 x 0); um contra a Romênia (3 x 2); um contra o Peru (4 x 2); um contra o Uruguai (3 x 1); e um contra a Itália (4 x 1).

Pelé, Garrincha e Rivellino.

Gylmar; Djalma Santos, Bellini, Piazza e Nilton Santos; Gérson e Rivellino; Garrincha, Pelé, Vavá e Ronaldo.

Mário Lobo Zagallo. 99

Gustavo Americano de Freitas, presidente da Pharma Minas – Medicamentos Manipulados.

125

" *Não tenho apenas um lance que me marcou... São vários. Mas destaco a cotovelada de Leonardo no jogador norte-americano Tab Ramos na vitória do Brasil sobre os Estados Unidos por 1 x 0, pelas oitavas de final da Copa de 94. Eu estava no estádio da Standford University, na Califórnia, naquela tarde quente e vi como a Seleção se superou com um a menos, e venceu por um placar apertado os donos da casa, que estavam empolgados pelo feriado nacional de 4 de julho.*
E é claro que não posso deixar de lado a final da Copa de 2002, no Japão. Foi um café da manhã especial naquele dia, quando a Seleção ganhou da Alemanha por 2 x 0, com gols de Ronaldo Fenômeno.
E sempre vejo os gols de Pelé nas finais de 58 e 70.

Pelé, Romário e Ronaldo.

Montei uma seleção ofensiva até demais, mas seria muito legal ver esses caras jogando juntos:
Marcos; Carlos Alberto, Cafu e Roberto Carlos; Mauro Silva, Edmilson e Didi; Garrincha, Romário, Pelé e Ronaldo.

Luiz Felipe Scolari. "

Gustavo Borges, medalhista olímpico de natação

126

" *Para mim, foi o jogo entre Brasil e Espanha, na Copa de 62. Além de o juiz não ter confirmado o pênalti de Nilton Santos, que deu um passo para fora da área depois de cometer a falta, tive a melhor atuação em todos os jogos que participei nas Copas; pude ajudar o Brasil a virar aquele jogo, para caminharmos rumo ao título.*

Pelé, Garrincha e Ronaldo.

Gylmar; Djalma Santos, Mauro, Orlando e Cafu; Zito, Didi e Pelé; Garrincha, Ronaldo e Zagallo.

Vicente Feola. "

Gylmar dos Santos Neves ★, Bicampeão pela Seleção Brasileira nas Copas de 1958 e 1962

127

" *O lance que mais me marcou nas cinco Copas vencidas pelo Brasil foi a jogada do quarto gol contra a Itália, na Copa do México, em 1970. A jogada começou com um lance fantástico do médio volante Clodoaldo. Ainda no campo defensivo do Brasil, ele driblou quatro italianos; em alguns segundos, a bola passou por mais dois jogadores até chegar a Pelé, que, com sua sabedoria e maestria, tocou para o lateral-direito Carlos Alberto Torres, que desferiu um torpedo contra as metas do goleiro italiano, selando a vitória e o Tricampeonato para o Brasil.*
A Copa do Mundo de 70 foi a primeira com transmissão direta pela televisão no Brasil. Como não tínhamos televisão em casa naquela época, minha família e eu fomos assistir ao jogo na casa de amigos; depois, saímos às ruas para comemorar o Tricampeonato.

Pelé, Garrincha e Ronaldo.

Gylmar; Carlos Alberto, Bellini, Mauro e Roberto Carlos; Clodoaldo, Gérson e Rivellino; Garrincha, Ronaldo e Pelé.

Mário Lobo Zagallo. "

Heinrich Epp, diretor de Auditoria Corporativa da Bayer

128

" Assisti às Copas a partir de 1970; nasci em 1955. Pelé recebe de Tostão próximo ao meio-campo, não encosta na bola, passa por trás do goleiro e chuta, mas o gol não acontece. Virou marca num comercial em que, 'por efeito', o gol acontece. Esse lance foi contra o goleiro uruguaio Mazurkiewicz na Copa de 70.
É o testemunho, na prática, da luta do jogador que não está deitado em berço do sucesso e dinheiro, com tamancos no lugar de chuteiras. Não importa o tamanho de seu sucesso, de sua fama; o que importa é continuar a fazer, porque é o que sabemos fazer e temos prazer nisso.

Pelé, Ronaldo e Garrincha.

Gylmar; Carlos Alberto, Mauro, Piazza e Nilton Santos; Clodoaldo, Zito e Didi; Garrincha, Tostão e Pelé.

Mário Lobo Zagallo. "

Heraldo Corrêa Ayrosa Galvão, membro da Abraesporte

129

" O terceiro gol do Brasil no jogo contra a Checoslováquia na Copa de 70. Jairzinho recebeu um lançamento espetacular, matou lindamente a bola e chapelou o goleiro. Era nosso primeiro jogo naquela Copa e vencer de virada por 4 x 1 deu-nos confiança para as próximas vitórias.

Pelé, Garrincha e Rivellino.

Gylmar; Carlos Alberto, Mauro, Piazza e Nilton Santos; Zito, Gérson e Garrincha; Tostão, Pelé e Rivellino.

Mário Lobo Zagallo. "

Hiran Castello Branco, presidente do Conselho Nacional de Propaganda e vice-presidente da ESPM

130

" O momento mais marcante de todas as Copas, para mim, aconteceu quando Marcos defendeu a cobrança de falta do alemão Neuville, na final da Copa 2002. O jogo estava 0 x 0. O alemão batia muito bem na bola; ele soltou uma bomba, mas Marcos fez uma famosa ponte, espalmando a bola, que ainda bateu na trave e saiu. Uma defesa linda, muito importante para o Brasil; deu confiança para a Seleção, que marcou o primeiro gol alguns minutos depois. Eu estava com a minha família; quando olhei para o meu pai, e ele disse, como um bom palmeirense: '— Aqui é São Marcos!'. Esse momento ficou guardado na minha memória.

Pelé, Romário e Ronaldo.

Marcos; Djalma Santos, Roque Júnior, Aldair e Roberto Carlos; Mazinho, Dunga, Garrincha e Rivaldo; Pelé e Ronaldo.

Luiz Felipe Scolari. "

Ivan Jatobá, empresário esportivo

131

" O primeiro gol do Brasil contra a Checoslováquia, de Rivellino, empatando

a partida de estreia na Copa de 70. Havia muita insegurança em relação ao sucesso do nosso time. Estávamos já perdendo no primeiro jogo, e veio esse gol. Eu tive um ataque histérico, tão forte que quase meu coração parou. Não dá para esquecer.

Pelé, Garrincha e Carlos Alberto.

Taffarel; Carlos Alberto, Bellini, Orlando e Nilton Santos; Clodoaldo, Didi e Rivellino; Garrincha, Romário e Pelé.

Mário Lobo Zagallo. ""

Ivan Lins, músico e compositor

132

"" Participar de uma Copa do Mundo com sua seleção é o máximo que um jogador de futebol pode almejar. Foi uma experiência espetacular para mim. Eu era um garotão de 22 anos, tudo era festa.
O momento mais emocionante foi a final contra a Checoslováquia; uma partida muito difícil. O Brasil saiu perdendo por 1 x 0, empatou e depois virou o placar para 3 x 1. Foi sensacional quando a gente recebeu a Taça de Bicampeões!
Na volta ao Brasil, desfilamos em cima de um carro de bombeiro. Foi maravilhoso.

Todos foram essenciais, mas destaco: Garrincha, o melhor jogador da Copa de 62; Amarildo, que estava sempre pronto para aproveitar as chances de gol; e Pelé, um garoto de 17 anos que conseguiu ser titular absoluto da Seleção e trazer a primeira Taça para o Brasil.

Gylmar; Djalma Santos, Mauro, Zózimo e Nilton Santos; Zito e Didi; Garrincha, Vavá, Amarildo e Zagallo.

Aymoré Moreira e Vicente Feola, que foram meus dois treinadores. ""

Jair da Costa ⭐, Campeão pela Seleção Brasileira na Copa de 1962

133

"" A conquista de 94 foi a primeira que acompanhei. Vi a final contra a Itália em casa, com meu pai e minha mãe, e torci muito! Quando Baggio chutou aquele pênalti para fora, pulei demais e fui para a rua comemorar. Foi marcante porque o Brasil não ganhava uma Copa há muito tempo e tinha acabado de perder um grande ídolo. Eu estava muito triste por causa da morte de Ayrton Senna e me emocionei com a homenagem que os jogadores fizeram logo após o jogo, ao estender uma faixa que dizia: 'Senna... Aceleramos juntos, o Tetra é nosso!'.

Pelé, Romário e Ronaldo.

Marcos; Cafu, Aldair, Ricardo Rocha e Roberto Carlos; Mauro Silva, Mazinho e Pelé; Bebeto, Romário e Ronaldo.

Luiz Felipe Scolari. ""

Jair Félix dos Santos Araújo, gerente de salão do Bar Leo

134

"" Foi uma emoção muito grande participar da Copa de 62. Quando você joga pela Seleção, representa o povo brasileiro. E pensamos no povo para conquistar o troféu. Estávamos no Chile para ganhar, e ganhamos. Tivemos o melhor time de todos os tempos.

Um lance que me marcou muito foi o nosso terceiro gol, na vitória por 3 x 1, na final contra a Checoslováquia. Depois do chute de Djalma Santos, o goleiro checo soltou a bola, e Vavá fez o gol que consagrou o Bicampeonato!

Pelé, goleador e melhor do mundo. Garrincha, que mostrou ao mundo como se joga futebol. Gylmar dos Santos Neves, um goleiro fabuloso.

Gylmar; Djalma Santos, Bellini, Zózimo e Nilton Santos; Zito e Didi; Garrincha, Vavá e Pelé e Zagallo.

Aymoré Moreira.

Jair Marinho de Oliveira, Campeão pela Seleção Brasileira na Copa de 1962

135

O momento mais marcante para mim foi o gol no jogo contra a Inglaterra na Copa de 70. Talvez tenha sido o jogo mais difícil do Brasil naquele Mundial. A jogada começou com Tostão enfrentando dois marcadores ingleses pela esquerda; ele enfiou a bola no meio das pernas do zagueiro inglês e cruzou na área para Pelé, que dominou com uma precisão incrível e rolou para Jairzinho encher o pé e estufar as redes. Que golaço!

Pelé, Romário e Ronaldo.

Gylmar; Djalma Santos, Bellini, Piazza e Nilton Santos; Didi, Clodoaldo e Gérson; Pelé, Garrincha e Ronaldo.

Mário Lobo Zagallo.

Jerson Fibra, diretor de marketing da AstraZeneca do Brasil

136

Assistindo ao jogo Brasil x Itália, na final da Copa de 70, meus irmãos e eu perguntamos ao nosso falecido pai para quem ele iria torcer. Ele prontamente respondeu: '— Não posso torcer contra a terra dos meus pais, filho que sou de pai e mãe italianos, e muito menos contra a terra dos meus filhos'. '— Qualquer que seja o resultado', completou, 'eu já sou campeão e vice, e vocês só poderão ser campeões ou vice'. Ficamos atônitos com a resposta. Entretanto, quando Pelé, aos 18 minutos do primeiro tempo, sobe aos céus, cabeceia magistralmente e vence Albertosi, fazendo o primeiro gol do Brasil, vimos, estampada e incontida, a alegria na face de meu pai. Ele comemorou com nossos intermináveis gritos de 'Goooooooooool!'. Percebemos, então, que mais que 'o filho dos seus pais', ali estava 'o pai dos seus filhos', dividindo alegremente conosco a comemoração do primeiro gol do Brasil.
Esse foi o lance mais emocionante e marcante de todas as Copas para mim, permitindo-me até hoje contemplar a abdicação de um profundo sentimento da ancestralidade de meu pai, substituído, sublimado e obliterado pelo de sua paternidade.
Nós, filhos, vencíamos também a natural guerra de sangue, que não só borbulhava e jorrava, mas também 'jogava' naquele momento em suas veias. Foi uma dupla vitória do Brasil!

Pelé, Ronaldo e Didi.

Taffarel; Carlos Alberto, Bellini e Nilton Santos; Zito, Dino Sani e Didi; Garrincha, Pelé, Ronaldo e Rivellino.

Mário Lobo Zagallo.

João De Simoni Soderini Ferracciù, membro da Academia Brasileira de Marketing

137

❝ A Copa que mais me marcou foi a de 82, mas, infelizmente, o Brasil não levantou o caneco. Nasci em 1973, portanto, o que a Seleção Canarinho ganhou antes não me traz experiência como torcedor, ainda que assistir aos lances mágicos das Copas de 58, 62 e 70 encham de orgulho qualquer brasileiro que aprecie o futebol-arte.
A Copa de 94 tem um sabor todo especial. Após 24 anos sem ganhar um Mundial, o Brasil conquista o torneio nos EUA e nos devolve a fé dos vencedores. E o melhor disso tudo foi o personagem principal: Romário de Souza Faria. Baixinho, folgado, falastrão, dono da risada mais escrachada do futebol interplanetário, e que chamou a responsabilidade da competição para si. '— É comigo, peixe!', dizia o suburbano, filho de um torcedor do América e cuja mãe não tinha receio de quebrar uma garrafa de cerveja (ao vivo durante as transmissões) a cada gol marcado pelo filho. Sem intolerância religiosa, professou sua fé.
E por falar em gol, meu registro aqui é para o terceiro gol do Brasil contra a Holanda, nas quartas de final, feito por Romário 'sem tocar na bola'. Eu sei que vão dizer que quem bateu a falta foi o Branco (teoricamente, autor do gol), mas, se o baixinho não tirasse a bunda da trajetória em que a bola seguia, o placar continuaria 2 x 2.
Romário chamou para si a 'responsa' na hora em que o Brasil mais precisou, e soube tirar o 'dele da reta' (literalmente) no momento certo.

Garrincha, Pelé e Romário.

Gylmar; Djalma Santos, Bellini, Aldair e Roberto Carlos; Didi, Mauro Silva e Zagallo; Garrincha, Romário e Pelé.

Carlos Alberto Parreira. ❞

João Faria, sócio-diretor da Agência Cidadã, jornalista, especialista em comunicação estratégica e relações públicas; cobre o mercado publicitário pelo jornal METRO e pela Rádio Estadão

138

❝ A Copa que mais me marcou, do ponto de vista pessoal e profissional, foi a dos Estados Unidos, em 1994. O lance aconteceu na final, quando Roberto Baggio perdeu o pênalti que nos garantiu o Tetracampeonato, depois de 24 anos desde a última conquista. O pênalti perdido foi tão especial quanto um belo gol. Deu-nos o doce sabor da vingança de 1982, quando tivemos uma das melhores seleções da história do futebol mundial, mas perdemos para a Itália. Deu-nos o doce sabor da vitória, mesmo eu tendo perdido uma aposta para Romário. Ele disse que marcaria em todos os jogos da Copa. Reclamei com ele porque não tínhamos falado em disputa de pênaltis (Bebeto era o batedor oficial); ainda brinquei, dizendo que ele 'bateu mal', pois a bola tocou a trave.
Do ponto de vista profissional, representei a imagem de toda a Seleção — jogadores e comissão técnica — e conseguimos bons contratos para todos, ajudando na união do grupo, como Gilmar Rinaldi declara em depoimento no meu livro 'Uma bela jogada'.

Garrincha, Pelé e Romário.

Taffarel; Carlos Alberto, Bellini, Aldair e Branco; Mauro Silva, Dunga e Pelé; Garrincha, Ronaldo e Tostão.

Carlos Alberto Parreira. ❞

João Henrique Areias, consultor e professor de Gestão e Marketing Esportivo e torcedor do Flamengo

139

❝ O gol de Carlos Alberto Torres na final da Copa de 70 contra a Itália. Pela beleza de toda a jogada e pelo passe brilhante de Pelé; também pelo acaso de a bola ter picado na grama e subido o suficiente para o Capitão pegar em cheio com o pé direito. A emoção é pelo fato de assistir àquela Copa e a esse gol com a minha, na época, namorada, numa tarde de inverno, em Porto Alegre, com transmissão ao vivo pela TV a cores. Foi a supremacia do futebol brasileiro com o Tricampeonato; tínhamos uma equipe excelente. Era a redenção da Seleção Brasileira após a derrota de 1966.

Pelé, Amarildo e Ronaldo.

Gylmar, Djalma Santos, Bellini, Orlando e Nilton Santos; Zito, Didi e Zagallo; Garrincha, Vavá e Pelé.

Luiz Felipe Scolari. ❞

João Luiz dos Santos Moreira, economista

140

❝ Semifinal da Copa de 70. O lance em que Pelé deu um drible de corpo no goleiro Mazurkiewicz, do Uruguai, e chutou a bola, que saiu raspando o poste do goleiro.

Pelé, Garrincha e Ronaldo.

Gylmar; Djalma Santos, Mauro, Piazza e Roberto Carlos; Didi, Zito e Gérson; Garrincha, Pelé e Ronaldo.

Mário Lobo Zagallo. ❞

João Nilson Zunino, presidente do Avaí Futebol Clube

141

❝ O primeiro gol da final entre Brasil e Alemanha em 2002. O goleiro Oliver Kahn, que vinha desdenhando a Seleção, soltou a bola nos pés de Ronaldo após chute forte de Rivaldo. Eu estava assistindo ao jogo em casa com meu pai; aquele lance foi importante porque deu para perceber que a Seleção realmente seria campeã, apesar de todas as críticas e dificuldades.

Pelé, Ronaldo e Dunga.

Marcos; Cafu, Aldair, Márcio Santos e Branco; Gilberto Silva, Edmilson e Rivellino; Garrincha, Pelé e Ronaldo.

Luiz Felipe Scolari. ❞

João Pedro Simonsen, empresário

142

❝ Das Copas que o Brasil foi campeão, recordo-me de forma saudosa do gol marcado por Bebeto contra os Estados Unidos, em 1994. O abraço e o agradecimento ao amigo e companheiro de equipe, Romário, ficaram eternizados em sua expressão de emoção e felicidade.

Optei por eleger um jogador por Copa: Pelé, Garrincha, Jairzinho, Romário e Ronaldo.

Gylmar; Djalma Santos, Bellini, Orlando e Everaldo; Clodoaldo, Gérson e Rivellino; Garrincha, Vavá e Pelé.

Mário Lobo Zagallo. ❞

João Ricardo Cozac, doutor, psicólogo do esporte, presidente da Associação Paulista da Psicologia do

Esporte e membro acadêmico/titular do laboratório de Psicossociologia do Esporte da USP e da Academia Brasileira de Marketing Esportivo

143

" Eu sou um Zé Pelota! Futebol é paixão e também cheio de maluquices, superstições e manias. Para um Zé Pelota, tudo se transforma em amuleto da sorte e motivo de superstição: meia, cueca, boné, chaveiro, corrente, medalhinha... Futebol é amor incondicional de dar nó nas tripas e embrulhar estômago de avestruz.
Descobri que sofria de TDAH por futebol na Copa de 1966, na estreia da Seleção contra a Bulgária. O Brasil ganhou por 2 x 0, com gols de Pelé e Garrincha. Fomos desclassificados ainda na fase de grupos, com derrotas para Hungria e Portugal. Confesso: naqueles dias de derrotas, eu usava uma correntinha de prata no pescoço; foi a minha primeira baixa de amuleto. As argolas deram um tremendo azar! Nossos craques estavam 'amarrados' em campo. Libertei-os!
Os anos de 67, 68 e 69 foram sofridos e de desconfiança geral com o Escrete Canarinho. Aí veio, então, o ano de 1970, Copa do Mundo no México. Os ingleses — campeões em 66 — eram temidos; e, para desespero nacional, caímos na mesma chave. Para muitos, a previsão era uma só: vamos fracassar mais uma vez!
O Brasil, no entanto, acabou Tricampeão, trazendo definitivamente a Taça Jules Rimet. No jogo memorável contra os ingleses, ganhamos por 1 x 0, gol de Jairzinho, o Furacão da Copa. Na final, vencemos os italianos por 4 x 1, no jogo considerado por muitos como a melhor apresentação da Seleção de todos os tempos.

Cada Copa teve seu jogador de destaque: Pelé (58), Garrincha (62), Tostão (70), Romário (94) e Ronaldo (2002).

Marcos; Carlos Alberto, Mauro, Piazza e Nilton Santos; Clodoaldo e Gérson; Garrincha, Romário, Pelé e Ronaldo.

Mário Lobo Zagallo. "

João Scortecci, *escritor, editor gráfico e livreiro, diretor-presidente do Grupo Editorial Scortecci*

144

" Na Copa de 70, eu era pós-adolescente, com meus 20 e poucos anos. O Brasil passava por um momento político delicado, mas Pelé e sua trupe eram meus Beatles, minha banda. Naquele time, ninguém desafinava.
Outra Seleção Brasileira que me encantou muito foi a de 82. Foi um grande pecado aquela geração fantástica de Sócrates e Zico não ter sido campeã e sua história ser empurrada para o fundo da gaveta. Eles são nossos campeões morais.
Na Copa de 94, todos tinham de ter um marca-passo ao lado de um desfibrilador para aguentar ver os jogos. Uma Copa decidida nos pênaltis, um susto após o outro. Vi a final pela televisão, e só comemorei quando o pênalti do Baggio foi para fora.

Pelé, Tostão e Ronaldo.

Taffarel; Carlos Alberto, Lúcio, Roque Júnior e Roberto Carlos; Clodoaldo, Gérson e Rivellino; Jairzinho, Ronaldo e Pelé.

Carlos Alberto Parreira. "

Jorge Araújo, *fotojornalista; cobriu as Copas de 1978, 1982, 1986 e 1998 pela Folha de S.Paulo*

145

❝ A esperteza do brasileiro e sua malícia no futebol ficaram marcadas com a cobrança de falta do jogador Branco, em 1994, exatamente naquele momento em que Romário desvia o corpo em corta-luz, enganando o goleiro e a zaga holandesa. Um lance mágico, que representou o improviso do nosso futebol. Senti uma grande alegria, pois estava assistindo ao jogo com amigos fora do País.
Naquele momento, relembrei saudoso do meu Brasil, pois minha família e eu morávamos na Espanha. A saudade fazia com que cada lance representasse um momento de boas lembranças da minha Pátria, do futebol, da família e dos amigos. O patriotismo ferve em nossa veia quando se está além-mar; parecia que toda a Espanha estava com o Brasil na final.

Pelé, Romário e Ronaldo.

Taffarel; Carlos Alberto, Bellini, Aldair e Nilton Santos; Dunga, Jairzinho e Garrincha; Pelé, Ronaldo e Romário.

Mário Lobo Zagallo. ❞

Jorge Espanha, diretor-presidente da Zoetis Brasil

146

❝ Em 1958, eu era locutor de uma rádio em São Carlos, interior de São Paulo. Durante os jogos da Seleção, as ruas ficavam vazias, completamente desertas. Todo mundo dentro de casa, ouvindo os jogos pelo rádio. O silêncio só era interrompido quando o Brasil fazia um gol. As pessoas saíam para comemorar, e logo depois voltavam para suas casas para continuar a acompanhar a partida.
Apesar de estrear vencendo a Áustria por 3 x 0, a Seleção Brasileira começou a Copa ainda indefinida. Após um 0 x 0 contra a Inglaterra, o técnico Feola fez algumas alterações e escalou Pelé e Garrincha como titulares. A mudança deu mais do que certo. Garrincha infernizou o time da União Soviética, não deu trégua para os marcadores. Resultado: Brasil 2 x 0. Nas quartas de finais, contra o País de Gales, Pelé foi vital para vencer o bloco de marcação e garantiu a vitória por 1 x 0 com um gol antológico. Na semifinal contra França, que tinha o ataque mais realizador da Copa, outra vitória: 5 x 2.
No último jogo, dividi o estúdio com meu colega José Roberto da Silva Ribeiro. Quando a Suécia abriu o placar, lembramos imediatamente da derrota na final da Copa de 50. Mas o Brasil conseguiu virar, fez 5 x 2 e foi a primeira nação a conquistar uma Copa fora do seu continente. A cada gol da Seleção, fazíamos a maior agitação no estúdio, batuques em latas, todo barulho possível. Foi um momento mágico. Lavamos a alma.

Pelé, Garrincha e Tostão.

Gylmar; Carlos Alberto, Djalma Santos, Mauro e Nilton Santos; Zito e Didi; Garrincha, Pelé, Vavá e Rivellino.

Vicente Feola. ❞

Jorge Narciso Caleiro Filho, ex-radialista e fundador da banca Museu da Voz; desde 1978, na Praça Benedito Calixto, em São Paulo, SP

147

❝ O momento inesquecível foi o quarto gol do Brasil contra a Itália na final da Copa de 70, no México. Carlos Alberto Torres recebe o passe magistral de Pelé e chuta de primeira

na entrada da grande área, aos 41 minutos do segundo tempo, fechando uma goleada histórica.

Pelé, Garrincha e Ronaldo.

Gylmar; Carlos Alberto, Bellini, Mauro e Nilton Santos; Clodoaldo, Gérson e Pelé; Garrincha, Ronaldo e Romário.

Mário Lobo Zagallo. 99

Jorge Nasser, diretor de marketing do Bradesco

148

66 Eu tinha seis anos quando ouvi o Brasil ganhar a Copa de 70. Morava em Cascadura, no Rio de Janeiro, e só uma família tinha televisão no meu bairro. Todo mundo se reunia na rua para ouvir as transmissões dos jogos. O som das narrações de rádio saía de alto-falantes instalados em postes. Os adultos olhando para alto, prestando atenção; a criançada jogando bola no meio deles. Lembro-me da explosão de alegria quando o Brasil foi campeão. Naquele momento, decidi que seria jogador de futebol. E a próxima Copa que o Brasil conquistou foi justamente a que participei. Só mesmo estando ali para poder descrever a alegria e a emoção do que é ganhar uma Copa do Mundo, sentir que deixei o meu nome na história do futebol brasileiro e mundial. É uma grande satisfação saber que aqueles que nos amam estavam tão felizes quanto a gente, jogadores. E que o povo brasileiro estava sentindo a mesma emoção que eu senti quando era criança e a Seleção foi Tricampeã.

Pelé, Romário e Bebeto.

Escolher apenas uma seleção é muito difícil. O Brasil teve tantos grandes jogadores que eu nem me escalaria entre os onze melhores.

Como técnicos, não posso me esquecer de Parreira e Zagallo. 99

Jorginho, Jorge de Amorim Campos ⭐, Campeão pela Seleção Brasileira na Copa de 1994

149

66 Lembro-me, com muita nitidez, da conquista da Copa de 58. Eu tinha 10 anos, e minha cidade – Vargem Grande do Sul, interior de São Paulo – ficava vazia durante os jogos. O único barulho que se ouvia era dos rádios ligados em volume máximo dentro das casas. Depois da vitória do Brasil sobre a Suécia, todo mundo saiu para comemorar nas ruas. A sensação de deserto acabou de repente, e a cidade ganhou vida. Foi uma emoção contagiante, todos se abraçando. Aquele dia me marcou muito.

Pelé, Romário e Rivaldo.

Marcos; Carlos Alberto, Mauro, Aldair e Roberto Carlos; Mazinho e Rivellino; Garrincha, Romário, Pelé e Rivaldo.

Luiz Felipe Scolari. 99

José Alberto Aguilar Cortez, professor-doutor e coordenador do Grupo de Estudos e Pesquisas em futebol e futsal da Escola de Educação Física e Esporte da USP, diretor da Fitcor Aptidão Física e Saúde e consultor da Rádio Jovem Pan AM

150

66 O gol de Clodoaldo contra o Uruguai, na Copa de 70. Eu estava em casa, na Vila Mariana, assistindo ao jogo com familiares e

amigos. Perdíamos de 1 x 0; o primeiro tempo estava acabando e aquela conversa mole de que o Uruguai estava predestinado a ganhar a Copa a cada 20 anos me deixava ainda mais nervoso. O fantasma do Maracanazzo rondava a sala. O gol de Corró lavou a nossa alma. Acho que ganhamos a Copa ali. Lembro-me, com muita saudade, de que a única pessoa que não gostou do gol foi a Dona Anna, minha mãe, pois na comemoração, sem querer, no meio do pula-pula, despedaçamos um vaso de estimação dela. Ao beijá-la, no fim da Copa, lembro-me de ter falado: '— Quebramos o vaso, mas levamos a Taça'. Estávamos todos perdoados.

Pelé, Garrincha e Romário.

Taffarel; Carlos Alberto, Mauro, Piazza e Nilton Santos; Zito, Gérson e Didi; Garrincha, Romário e Pelé.

Mário Lobo Zagallo. 99

José Antônio Carlos, o "Professor Pepe", economista

151

66 O quarto gol na final contra a Itália na Copa de 70, marcado por Carlos Alberto Torres. Ali não havia mais dúvidas de que éramos campeões. Na época, eu tinha 15 anos, jogava bola na várzea, no Lameirão, bairro da Lapa, e treinava no juvenil do Palmeiras. Futebol era minha vida, e aquela foi a minha primeira Copa, realmente. Em 1958, eu estava com 3 anos de idade; em 1962, tinha 7 anos e morava em Campo Grande, onde nem sinal de fumaça chegava. Em 1966, aquela tristeza. Mas em 1970... Só alegria!

Pelé, Carlos Alberto e Romário.

Taffarel; Carlos Alberto, Brito, Piazza e Roberto Carlos; Clodoaldo, Gérson e Rivellino; Jairzinho, Romário e Pelé.

Mário Lobo Zagallo. 99

José Ayres Ribeiro de Vasconcelos, empresário na área de Novas Tecnologias

152

66 Antes de os jogos de futebol começarem a ser transmitidos ao vivo pela televisão, o rádio e o jornal eram as nossas principais fontes de informação. A imprensa escrita registrava o que não podíamos ver. Em 1962, eu trabalhava em uma banca na Rua Florêncio de Abreu, em São Paulo; lembro-me bem das pessoas esperando os jornais serem distribuídos para saber o que estava acontecendo na Copa. Quando os exemplares chegavam, elas começavam a ler ali mesmo. Era uma euforia patriótica.

Marcos, Tostão e Garrincha.

Marcos; Carlos Alberto, Mauro, Piazza e Nilton Santos; Clodoaldo, Gérson e Rivellino; Garrincha, Tostão e Pelé.

Mário Lobo Zagallo. 99

José Benfica, jornaleiro, dono da Banca Benfica; há 45 anos na Praça da República em São Paulo, SP

153

66 A Copa que mais me emocionou foi a de 1970, principalmente pela reconquista do Título Mundial. O gol mais marcante foi o

quarto contra a Itália, de Carlos Alberto em mais um passe sob medida de Pelé.
Pelé teve uma participação de gala na Copa, chamando praticamente para si a responsabilidade do título. Suas atuações nos jogos foram tão marcantes, com lances tão sensacionais que se tornaram inesquecíveis.

Pelé, Garrincha e Ronaldo.

Gylmar, Djalma Santos, Bellini, Piazza e Nilton Santos; Clodoaldo, Zito e Didi; Garrincha, Tostão e Pelé.

Vicente Feola. 99

José Carlos Brunoro, consultor de marketing esportivo

154

66 O mais emocionante gol de todas as Copas ocorreu em 1970, no México; o gol marcado por Clodoaldo contra o Uruguai, no final do primeiro tempo. O jogo estava tenso e muito bem disputado. E eu sofrendo com os famosos '90 milhões em ação', como dizia a canção-tema daquela Copa. Se aquele gol não saísse no primeiro tempo, não sei com que ânimo os canarinhos voltariam para o restante da partida. Quando Clodoaldo fez o gol, o alívio foi geral. Eu estava em casa com a família; e foi só alegria!

Pelé, Garrincha e Ronaldo.

Gylmar; Carlos Alberto, Lúcio, Piazza e Roberto Carlos; Clodoaldo, Didi e Rivellino; Garrincha, Ronaldo e Pelé.

Mário Lobo Zagallo. 99

José Fornos Rodrigues, o "Pepito", assessor pessoal de Pelé

155

66 O lance que mais me marcou foi a meia-lua que Pelé deu em Mazurkiewicz; talvez, o gol perdido mais gol que eu já vi em minha vida. Um momento de encher os olhos, impossível de esquecer.
Aquela jogada me remete aos melhores momentos do futebol, confirmando que esse esporte é, acima de tudo, arte. Com sua genialidade, o Rei mostrou ao mundo o quanto o futebol pode ser maravilhoso. Acho que nunca mais vi algo tão espetacular. Sempre que assisto aos jogos, fico imaginando que alguém tentará repetir o lance do Rei, da mesma forma que Rivaldo, um dia, conseguiu fazer o golaço do meio de campo que Pelé tentou por diversas vezes — só por isso o gol já é emocionante.
O lance é ainda vivo em minhas retinas, como um replay constante: Tostão lança Pelé, que, com um espetacular jogo de corpo, deixa Mazurkiewicz sem ação; porém, infelizmente, o complemento da jogada, que é o chute a gol, passa raspando a trave.

Pelé, Gérson e Jairzinho.

Gylmar; Djalma Santos, Bellini, Mauro e Nilton Santos; Clodoaldo, Gérson e Pelé; Garrincha, Romário e Rivellino.

Mário Lobo Zagallo. 99

José Jorge Farah Neto, jornalista e pesquisador

156

66 Minha história com as Copas começa em 1970. Eu tinha 12 anos e pouco recordo de lances pontuais ou dos resultados das partidas. Só me lembro que aquela

Seleção era um esquadrão fantástico: Brito, Clodoaldo, Jairzinho, Pelé, Gérson... Eram outros tempos, um futebol completamente diferente.
Na Copa de 82, apesar de termos uma ótima seleção, acabamos derrotados. Até que Romário mostrou que a Seleção Brasileira poderia ser grande de novo na Copa de 94. O time não encantou os torcedores, mas foi bom voltar a comemorar um título.
Para quem gosta de futebol como eu, a conquista de 2002 foi muito mais emocionante do que o Tetra. A Seleção tinha ótimos jogadores, como Rivaldo, Ronaldinho Gaúcho e Ronaldo, que estava jogando um bolão. Adoro a jogada do segundo gol da final contra a Alemanha: Rivaldo deixando a bola passar pelo meio das pernas, para Ronaldo só completar. Foi um golaço!

Romário, Rivaldo e Rivellino.

Félix; Cafu, Aldair, Roque Júnior e Roberto Carlos; Clodoaldo, Rivellino e Rivaldo; Jairzinho, Romário e Pelé.

Mário Lobo Zagallo. 99

José Messias Rodrigues, *segurança e recepcionista da Cantina Luna di Capri*

157

66 *A melhor Copa a que assisti foi a de 70. Só tínhamos craques consumados: Pelé, Gérson, Tostão. Era um time muito forte, individual e coletivo, que nem precisava de técnico. Todos sabiam executar o que era necessário para mostrar um bom futebol.*

Garrincha, Pelé e Didi.

Gylmar; De Sordi, Bellini, Piazza e Nilton Santos; Zito, Didi e Pelé; Garrincha, Vavá e Zagallo.

Vicente Feola. 99

José Miranda de Azevedo, *o "Zeca das Flores", dono da floricultura São Judas Tadeu; há 50 anos do Mercado das Flores do Largo do Arouche*

158

66 *O gol de Pelé contra o País de Gales, na Copa de 58, no dia 19 de junho; jogo difícil, 1 x 0. Eu tinha 16 anos e me recordo que estava sozinho em casa (era um dia de semana, à tarde), e chorei de emoção, ouvindo a Rádio Bandeirantes, com narração de Edison Leite e Pedro Luiz.*

Didi, Garrincha e Pelé.

Gylmar; Carlos Alberto, Bellini, Piazza e Nilton Santos; Zito, Didi e Gérson; Garrincha, Ronaldo e Pelé.

Mário Lobo Zagallo. 99

José Paulo de Andrade, *jornalista da Rádio Bandeirantes, SP*

159

66 *Na final da Copa do Mundo de 70, algo que se tornou inesquecível para mim aconteceu após o apito final do árbitro. Junto com aquela multidão de torcedores invadindo o gramado, vários jogadores da seleção italiana disputavam a tapa qualquer*

peça dos jogadores do Brasil, como se fosse um reconhecimento da nossa supremacia no futebol!

Garrincha, Pelé e Gérson.

Taffarel; Carlos Alberto, Aldair, Nilton Santos e Roberto Carlos; Gérson, Didi e Rivellino; Garrincha, Ronaldo e Pelé.

Aymoré Moreira. 🙶

José Ricardo Caldas e Almeida, bancário aposentado e pesquisador de futebol

160

🙸 Quando saiu o quarto gol do Brasil na final da Copa de 70, aquele de Carlos Alberto Torres, meu pai me jogou para o alto e quase bati a cabeça no teto. Eu tinha seis anos, e lembro-me até hoje do susto que tomei. Meu pai nunca tinha feito isso antes!

Pelé, Garrincha e Romário.

Gylmar; Cafu, Mauro, Bellini e Nilton Santos; Zito, Gérson e Pelé; Garrincha, Romário e Pepe.

Mário Lobo Zagallo. 🙶

José Roberto Torero, escritor

161

🙸 Era um jogo decisivo da Copa de 2002. Os ingleses tinham feito 1 x 0, num lance em que Lúcio dominou mal a bola na entrada da área, e o atacante Owen — muito rápido — ficou cara a cara com Marcos e pôde até escolher o canto para bater.

O Brasil precisava empatar antes do fim do primeiro tempo; afinal, os ingleses tinham uma defesa sólida e um contra-ataque muito veloz, e podiam complicar no segundo tempo. O jogo poderia tornar-se muito perigoso. Foi então que, no finalzinho do primeiro tempo, já nos acréscimos, Ronaldinho Gaúcho saiu driblando pelo meio, tocou para Rivaldo, que deixou a bola correr e bateu de chapa, de pé esquerdo, no canto direito, fora do alcance do goleiro Seaman. Foi um gol importante porque deu confiança à Seleção. No segundo tempo, o Brasil virou o jogo com aquele gol de Gaúcho, que até hoje jura que chutou direto para o gol.

Pelé, Rivaldo e Ronaldo.

Marcos; Carlos Alberto, Lúcio, Roque Júnior e Roberto Carlos; Clodoaldo, Gérson e Rivellino; Rivaldo, Ronaldo e Pelé.

Luiz Felipe Scolari. 🙶

Jose Salibi Neto, diretor da HSM

162

🙸 Minha grande memória como torcedor é, sem dúvida, a Copa de 58. Eu era aluno interno em Lavras, MG, e tinha uma enorme dificuldade em acompanhar as partidas. O Brasil foi ganhando, ganhando, e nós, aqueles meninos apaixonados por futebol, tentávamos convencer os padres a nos deixar ouvir os jogos.
No dia da final, por uma dessas coincidências que só um louco por futebol poderia viver, eu estava de férias na terra de Pelé, Três Corações, MG. Quando o jogo acabou, fomos todos comemorar na praça principal da cidade. Eu tinha 12 anos e lembro-me da grande festa por causa de Pelé, a família dele lá. Foi excepcional, um momento que curti até formular o desejo de

ser um profissional ligado ao futebol.
Já meu grande momento como profissional
realizou-se em 2002, na Copa do Japão e
da Coreia do Sul. Tinha ido recentemente
trabalhar na Band depois de muitos anos na
rádio Jovem Pan. Éramos a única rádio AM de
São Paulo transmitindo o jogo ao vivo. E tive
a sorte de Ronaldo fazer dois gols na vitória
contra a Alemanha. Eu havia narrado o Tetra,
em 1994, depois de um 0 x 0 no tempo normal
e na prorrogação e, finalmente, da vitória
por pênaltis. Foi muito diferente narrar a
conquista de uma Copa do Mundo na emoção
do jogo, comemorando aqueles gols.

Pelé, Rivellino e Ronaldo.

Marcos; Djalma Santos, Bellini, Piazza
e Nilton Santos; Zito, Gérson e Rivellino;
Garrincha, Tostão e Pelé.

Carlos Alberto Parreira. "

José Silvério, locutor esportivo da Rádio
Bandeirantes; trabalhou nas últimas nove Copas do
Mundo, desde 78

163

" Lembro-me do rosto de Roberto Baggio
depois de perder o pênalti que deu o Tetra ao
Brasil. A expressão de decepção dele é uma
das imagens mais marcantes da história das
Copas.

Pelé, Romário e Garrincha.

Taffarel; Carlos Alberto, Mauro, Bellini e
Nilton Santos; Dunga, Didi e Pelé; Garrincha,
Romário e Vavá.

Luiz Felipe Scolari. "

JR Forlim, jornalista, Rádio Caraguá FM

164

" Tenho a sorte (e a idade, naturalmente)
de ter assistido ao jogo que possibilitou ao
Brasil tornar-se, pela primeira vez, Campeão
Mundial de futebol.
Foi no Maracanã, no dia 21 de abril de 1957,
pelas Eliminatórias para a Copa de 58.
O Brasil jogava o tudo ou nada contra a
razoável equipe do Peru. Quem vencesse, iria
para a Suécia. Eu tinha 15 anos, morava em
Petrópolis e cursava o segundo ano colegial.
Para ir ao estádio, pegávamos um ônibus,
que nos deixava em frente ao gasômetro, e
caminhávamos durante meia hora. Naquele
dia histórico, o público era de 120 mil
espectadores apreensivos com a derrota, no
mesmo cenário, sete anos antes, para uma
igualmente razoável seleção uruguaia.
O lance só poderá ser apreciado em filme,
se existir. Como diria Nelson Rodrigues,
foi antológico e consignado 'à sombra
das chuteiras imortais': aos 11 minutos do
primeiro tempo, numa cobrança de falta da
intermediária por Didi, o Mestre. A inesquecível
folha seca, em que a bola subia, parecia que ia
para fora, mas, caprichosamente, encenava
uma queda teatral e... Entrava no ângulo! O
Brasil venceu o Peru por 1 x 0.
Sei que eu e os outros milhões de brasileiros que
assistiam à partida passamos por outros 79
minutos de ansiedade. Mas de nada me lembro,
a não ser da emoção do momento mágico do
gol — que está na origem de toda a história de
glórias do Brasil nos campeonatos mundiais.
Antes que me esqueça, essa Seleção que
se classificou tinha três jogadores do meu
Flamengo: Joel, Evaristo e Índio.

Garrincha, Pelé e Taffarel.

Gylmar; Carlos Alberto, Djalma Santos e
Nilton Santos; Didi, Gérson, Pelé e Jairzinho;
Garrincha, Romário e Ronaldo.

Vicente Feola. "

J. Roberto Whitaker Penteado, diretor-presidente da ESPM

165

" *Naquele 4 de julho de 1994, eu dormira pouco, mas muito bem. Em algumas horas, o Brasil enfrentaria os Estados Unidos por uma vaga nas quartas de final da Copa de 94. Uma eliminação nas oitavas seria desastrosa para a audiência da Band. Era minha primeira Copa do Mundo como diretor-executivo de Esportes, e eu despertei ansioso e desconfiado. Na véspera, tinha visto incrédulo a Romênia despachar a poderosa Argentina, já humilhada pela eliminação de Maradona por doping. Mau sinal. A seleção de Parreira não empolgava, jogava um futebol pragmático, de muita marcação e posse de bola, mas sem a fantasia e invenção da tradição brasileira. O objetivo era ser campeão, e não dar show. As sucessivas derrotas em 74, 78, 82, 86 e 90 pesavam. Era o momento de voltarmos a ser campeões. Chegamos ao estádio em Stanford pouco depois das 10h da manhã. O jogo estava marcado para o meio-dia. O sol de verão já castigava. Ao meu lado, Luciano do Valle estava tranquilo. Eu, ao contrário, temia que o Sobrenatural de Almeida, criação de Nelson Rodrigues, tivesse decidido passar o verão na Califórnia. O calor era sufocante.*

Vêm os hinos, e os americanos cantam o deles com todo o fervor, acompanhados por um coro impressionante de sua torcida. Eles parecem mesmo acreditar que vão eliminar o Brasil. Iríamos enfrentar os anfitriões, na data nacional da Independência deles, na casa deles, diante da torcida deles. Começa a partida, o Brasil dominava o meio-campo, mas não conseguia chegar ao gol. Márcio Santos e Bebeto perdem chances incríveis. Leonardo, tentando se desvencilhar de um agarrão, acerta uma violenta cotovelada que fratura o malar de Tab Ramos e é expulso. Ficamos com um a menos. Romário dá um drible seco e fuzila na trave. Termina o primeiro tempo, 0 x 0.

Recomeça o jogo e continua como antes.

Chances de gol, mas a bola teima em não entrar. Um pesadelo interminável. Até que Romário arranca do círculo central, se livra de dois americanos e acerta um passe milimétrico para Bebeto. Mesmo pressionado por Lalas, Bebeto dá um tapa rasteiro e vence Meola, pondo a bola no cantinho direito. Gol! Gol! Gol! Gol! Acho que gritei gol umas 14 vezes, até acreditar que a bola havia mesmo entrado.

Passados uns minutos da euforia do gol, que faz a gente abraçar quem não conhece, prometer fazer novena, rir e chorar de alívio, descubro que a versão americana do Sobrenatural de Almeida não estava mais por ali. Misteriosamente desaparecera de sua cadeira, que ficara agora vazia, abandonada. Começava a ser forjada a têmpera da Seleção Tetracampeã. Um gol chorado, sofrido, dolorido, num jogo dificílimo, duríssimo, inesquecível, como seriam também, depois, os duelos contra a Holanda, Suécia e Itália. Mas aquela Copa de 94 havia de ser nossa. E foi. Estava escrito.

Pelé, Romário e Ronaldo.

Gylmar; Carlos Alberto, Bellini, Orlando e Nilton Santos; Zito, Gérson e Rivellino; Jairzinho, Pelé e Ronaldo.

Mário Lobo Zagallo. "

Juca Silveira, diretor de Planejamento de TV da Band

166

" *São vários os lances marcantes, mas o que mais me lembro é o pênalti perdido por Baggio na final entre Brasil e Itália, na Copa de 94. Naquela época, eu morava nos Estados Unidos. Como eram férias de verão lá, eu estava passando uma temporada na casa de uns primos do meu pai, que eram imigrantes italianos e moravam em Kingston, no estado*

de Nova York, próximo a Albany. Então, apostei US$ 1 com Carlino, meu primo ítalo-americano, um senhor muito simpático que adorava pegar no meu pé que o Brasil não ganharia da Itália...
Durante o jogo, ele me cutucou bastante, mas, no final, quem levou a melhor fui eu! Eu tinha 16 anos e tenho boas lembranças desse dia. Estava cercada de pessoas queridas, que fizeram eu me sentir em casa mesmo estando longe.

Cafu, Taffarel e Ronaldo.

Taffarel; Jorginho, Aldair, Márcio Santos e Branco; Dunga, Mauro Silva, Mazinho e Zinho; Bebeto e Romário.

Carlos Alberto Parreira. 99

Juliana Gabriele Cardamone, analista de marketing e comunicação da Ford

167

66 Lembro-me, como se fosse hoje, do gol de Branco contra a Holanda na Copa de 94. Minha geração nunca tinha visto a Seleção ganhar um Mundial. Havia muita ansiedade em torno de todos os jogos, mas contra a Holanda foi diferente. Numa final contra a Itália, tudo poderia acontecer; mas, uma semifinal contra a Holanda, sabíamos que dava para ganhar.
Eu estava na casa dos meus pais, em Niterói; meu irmão e eu convidamos vários amigos, tivemos uma grande feijoada para toda a família. Todos se acomodaram na sala para assistir à partida. E o Brasil começou muito bem. Foi incrível ver Bebeto fazendo o gesto em homenagem ao nascimento do filho; estava tudo perfeito. Uma grande festa em que a Holanda era mera convidada.
Mas os convidados foram lá e marcaram dois gols, empatando o jogo. O segundo gol foi um pesadelo, trouxe os anos de lembranças ruins, e uma sensação de 'Vamos perder de novo; não acredito!'.
E lá veio ele, Branco; coloca o braço no rosto de um jogador holandês, e logo em seguida sofre uma falta – até hoje acho que ele fez falta antes, mas isso não faz a menor diferença, ou, melhor, fica ainda mais histórico. Naquele momento, estávamos cabisbaixos, torcendo, mas ainda abalados pela reação da Holanda. Ele toma distância, faz uma volta e corre em direção à bola, que sai como um foguete. Ainda não tínhamos ideia de a bola ter passado a centímetros das costas de Romário, mas deu para ver que ela entrou exatamente entre a mão esquerda do goleiro holandês e a trave. A comemoração não era de um gol, mas de um campeonato! Acho que ali o Brasil inteiro se preparou para ser Tetra, e fomos.

Pelé, Garrincha e Bebeto.

Taffarel; Djalma Santos, Aldair, Piazza e Branco; Zito, Didi e Rivellino; Garrincha, Bebeto e Pelé.

Mário Lobo Zagallo. 99

Juliana Knust, atriz

168

66 Considero a Seleção Brasileira de 58, enquanto equipe, a melhor das cinco campeãs. Entretanto, os lances da Copa de 70 são os que estão mais vivos na memória da maioria das pessoas. Em 58 e 62, só ouvimos o Brasil vencer, pois acompanhávamos os jogos pelo rádio. Não víamos as imagens dos lances na hora em que eles aconteciam. Tudo mudou com o início das transmissões ao vivo e a cores, a partir da Copa de 70.
O lance que mais me marcou é justamente dessa Copa: o 'não gol' de Pelé em

Mazurkiewicz. Bola para um lado, Pelé para o outro; ele passa por trás do goleiro uruguaio, pega a bola, chuta e... Ela sai, passando perto da trave. Acho que esse lance não seria tão famoso se a bola tivesse entrado no gol.

Garrincha, Pelé e Ronaldo.

Gylmar; Djalma Santos, Bellini, Orlando e Nilton Santos; Zito e Didi; Garrincha, Vavá, Pelé e Zagallo.

Luiz Felipe Scolari. 🙶

Julio Cesar Rodrigo, dono da Galeria dos Brinquedos, loja especializada em brinquedos antigos, colecionáveis e artigos de Futebol, na Galeria Itapetininga, em São Paulo, SP

169

🙷 Copa de 70, final entre Brasil e Itália: o último gol da Seleção; passe de Pelé para Carlos Alberto marcar. Pela beleza da jogada, desde seu início, e pela visão de jogo e talento de Pelé! Cheguei a chorar de emoção!

Pelé, Romário e Ronaldo.

Gylmar; Djalma Santos, Bellini, Piazza e Nilton Santos; Zito, Gérson e Rivellino; Garrincha, Ronaldo e Pelé.

Mário Lobo Zagallo. 🙶

Kadu Moliterno, ator

170

🙷 Meu momento mais marcante nas Copas do Mundo vencidas pelo Brasil – e vi apenas duas – foi a emocionante disputa de pênaltis que decidiu o título a nosso favor, na final contra a Itália, em 1994. Senti de perto o clima da competição, pois eu estava nos Estados Unidos, fazendo intercâmbio para aperfeiçoamento do inglês, na Florida International University.
Assistia à partida final, em 17 de julho de 1994, num telão do campus da universidade, em meio a uma pequena multidão de alunos de vários países que também faziam intercâmbio. O fato de estarem torcendo por nossa Seleção atenuou um pouco a saudade que eu sentia do Brasil e da família. Em momentos especiais, é sempre difícil estar longe de quem se ama.
Quando Taffarel defendeu um dos pênaltis, meu coração acelerou. Depois, quando o jogador italiano Roberto Baggio jogou a bola por cima do gol, naquele chute decisivo, e vi os estudantes estrangeiros vibrando com o Tetracampeonato brasileiro, fiquei emocionada e feliz. Foi um momento de alegria.

Taffarel, Romário e Ronaldo.

Taffarel; Cafu, Lúcio, Márcio Santos e Roberto Carlos; Mauro Silva, Mazinho e Ronaldinho Gaúcho; Romário, Ronaldo e Rivaldo.

Luiz Felipe Scolari. 🙶

Karine Pansa, diretora da Editora Girassol Brasil e presidente da Câmara Brasileira do Livro – CBL

171

🙷 Minha maior lembrança é da final da Copa de 70. Eu tinha oito anos, e meus vizinhos se reuniram para assistirmos ao jogo todos juntos, na rua mesmo. Um deles passou os dias anteriores cortando folhas e folhas de jornal. A cada gol do Brasil, havia uma chuva de papel picado!

Quando o jogo acabou, foi uma grande festa. As pessoas pulando de alegria. Aquele vizinho do papel picado era o mais empolgado. Ele parou um ônibus que passava pela rua, subiu para abraçar o motorista, o cobrador e os passageiros, que desceram para comemorar com a gente. Um monte de pirralhos e eu jogando papel para cima. Foi uma celebração coletiva! Só as mulheres que ficaram um pouco bravas porque depois tiveram que limpar aquela bagunça toda!

Pelé, Tostão e Romário.

Taffarel; Cafu, Bellini, Piazza e Nilton Santos; Didi, Tostão e Rivellino; Pelé, Romário e Bebeto.

Vicente Feola. 🙶

Katia Rubio, professora da Escola de Educação Física e Esporte da USP

172

🙵 *Na final de 2002 contra a Alemanha, eu estava me recuperando de uma pneumonia; mesmo assim, chamei uns 40 amigos para assistirmos juntos no meu escritório. Um dos meus melhores amigos é filho de alemães, mas ele não estava conosco naquele dia. A cada gol que o Brasil fazia, a gente telefonava para ele, tirando sarro em coro. Não me esqueço, também, do segundo gol de Ronaldo; não tenho como descrever! A gritaria, todos se abraçando... Inesquecível.*

Pelé, Didi e Ronaldo.

Marcos; Carlos Alberto, Aldair, Roque Júnior e Roberto Carlos; Clodoaldo, Zito e Didi; Garrincha, Ronaldo e Pelé.

Luiz Felipe Scolari. 🙶

Lamartine Posella, apóstolo da Igreja Batista Palavra Viva

173

🙵 *Na final entre Brasil e Itália na Copa de 94, quando Roberto Baggio bateu o pênalti e errou, eu estava em casa com minha família e alguns amigos. Naquele instante em que ele se preparou para a cobrança, um silêncio tomou conta da sala. Quando ele chutou a bola para fora, a emoção invadiu o ambiente. Uma grande alegria! Foi a primeira vez que eu vi o Brasil ser Campeão do Mundo.*

Pelé, Romário e Ronaldo.

Marcos; Cafu, Lúcio, Roque Júnior e Roberto Carlos; Edmilson, Gilberto Silva e Kléberson; Rivaldo, Ronaldinho Gaúcho e Ronaldo.

Luiz Felipe Scolari. 🙶

Lásaro do Carmo Jr., presidente da Jequiti Cosméticos

174

🙵 *Das Copas em que o Brasil foi campeão, o lance mais marcante para mim foi quando Branco marcou o gol contra a Holanda, nas quartas de final de 94. Tenho essa lembrança muito nítida pela situação do jogo. Era uma partida em que começou muito fácil e foi assim durante todo o primeiro tempo, com o Brasil ganhando de 2 x 0, gols de Romário e Bebeto. Logo depois, lembro-me de que a Holanda empatou, gols de Winter e Berckamp, e a partida ficou complicada. Branco, que estava desacreditado, sofreu uma falta quase no meio-campo; foi ele mesmo quem bateu e marcou o terceiro gol, selando a vitória brasileira. A comemoração foi emocionante; ele chorou... Foi uma cena que marcou bastante.*

A Copa de 94 foi importante para mim porque assisti a todos os jogos, não perdi nenhum. Na época, eu tinha 13 anos e trabalhava numa oficina de autoelétrica, e a gente fechava a oficina e assistia aos jogos, todos juntos.

Pelé, Romário e Rivaldo.

Gylmar; Carlos Alberto, Aldair, Márcio Santos e Roberto Carlos; Clodoaldo, Dunga e Pelé; Garrincha, Ronaldo e Romário.

Carlos Alberto Parreira. 99

Leandro, músico da dupla Matheus Minas & Leandro

175

66 *A defesa de Banks, goleiro da Inglaterra, numa cabeçada de Pelé, na Copa de 70. Um jogo extremamente difícil, o Brasil só ganhou de 1 x 0. Na época, eu tinha 10 anos, e aquela defesa me marcou muito. Acho que nunca mais verei outra igual.*
Também tivemos outros momentos impactantes, como a falta que Branco bateu, Romário desviou o corpo e fizemos o gol contra a Holanda, em 1994; o lance de Clodoaldo contra o Uruguai, na Copa de 70, jogo em que o Brasil perdia, mas conseguimos virar; e a defesa com a ponta dos dedos de Marcos contra a Alemanha, em 2002.

Marcos; Carlos Alberto, Bellini, Aldair e Roberto Carlos; Clodoaldo, Gérson e Pelé; Romário, Ronaldo e Edu.

Luiz Felipe Scolari. 99

Lélio Teixeira, radialista, apresenta o programa "Na Geral", na Rádio Bandeirantes

176

66 *O lance mais emblemático das Copas foi na final de 1958. Pelé, após livrar-se da marcação na pequena área, executa um belo chapéu no último zagueiro e, de sem-pulo, de pé direito, faz o terceiro gol do Brasil, na vitória por 5 x 2 contra a Suécia.*

Pelé, Garrincha e Romário.

Félix; Carlos Alberto, Brito, Piazza e Everaldo; Clodoaldo, Gérson e Rivellino; Jairzinho, Pelé e Tostão

Mário Lobo Zagallo. 99

Levi Ceregato, empresário na área da Indústria Gráfica, advogado e presidente da Associação Brasileira da Indústria Gráfica – Abigraf – Regional do Estado de São Paulo

177

66 *O magistral gol de Pelé! Quando fecho os olhos e tento me lembrar da história de nossas Copas, vem à memória a narração de Edson Leite no segundo gol de Pelé contra a Suécia, em 1958. O jogo foi transmitido pelo alto-falante da Praça da Matriz de minha terra natal, Guaraci, SP. Eu tinha nove anos de idade e saí correndo pelo jardim, sentindo uma emoção que nunca havia experimentado. Hoje, quando ouço novamente a narração daquela partida, chego às lágrimas.*

Pelé, Garrincha e Didi.

Gylmar; Carlos Alberto, Mauro, Zito e Nilton Santos; Clodoaldo, Didi e Tostão; Garrincha, Pelé e Ronaldo.

Vicente Feola. 99

Lincoln Seragini, presidente da Seragini Design

178

" Cobri ao vivo as Copas de 78, 82, 86 e 90. Senti muito quando o Brasil foi eliminado pela Itália, em 1982. Chorei 'pra cacete'; não conseguia descer das tribunas de imprensa para trabalhar. Era uma das maiores seleções que vi jogar, com craques e treinador maravilhosos. Jogava futebol mesmo. Perdeu por acidente.
Das Seleções campeãs, a de 70 era um time muito especial. São tantos os lances que me marcaram naquela Copa: as jogadas de Tostão e Rivellino, os lançamentos de Gérson, o drible da vaca de Pelé em Mazurkiewicz... Eram todas seleções distintas, em momentos diferentes do futebol. Era um outro patamar, outro estilo de jogo e de trabalho. Hoje em dia, jogador de futebol é uma máquina.

Garrincha, Pelé e Romário.

Gylmar; Carlos Alberto, Bellini, Orlando e Nilton Santos; Didi, Gérson e Rivellino; Garrincha, Tostão e Pelé.

Mário Lobo Zagallo. "

Loureiro Neto, comentarista esportivo da Rádio Globo, RJ

179

" Em 1970, eu estava de casamento marcado para o dia 27 de junho, com Sueli, minha eterna namorada. Preparando o apartamento para onde nos mudaríamos, não assisti (e nem ouvi) à semifinal do Brasil contra o Uruguai. Não havia TV no imóvel em arrumação, e meu velho rádio de válvulas não funcionou por causa de interferência. No domingo, dia 21 de junho, Sueli e eu deixamos todos os preparativos de lado e fomos à casa dos meus pais – na verdade, eu ainda morava lá – para assistir à final contra a Itália. Muito guaraná, muita pipoca e muita, muita, muita torcida de todos. O Brasil sai na frente, mas a Itália alcança o empate ainda no primeiro tempo, em descuido da nossa frágil defesa. Jogo nervoso. A Itália consciente e fechada, jogando com base no pequeno Cagliari, campeão local. Até que, aos 21 minutos do segundo tempo, Gérson – crucificado na Copa de 66 – se apossa da bola na meia-esquerda, livra-se da marcação cerrada e, com muita força e pontaria, vence o arqueiro Albertosi e desempata a partida. O Brasil se expressou com um só grito de alegria, alegria, alegria. Foi contagiante. Dali para a frente foi fácil, fizemos mais dois... Eram 90 milhões em ação!

Pelé, Garrincha e Ronaldo.

Gylmar; Djalma Santos, Mauro, Zózimo e Nilton Santos; Zito e Gérson; Garrincha, Vavá, Pelé e Ronaldo.

Vicente Feola. "

Luciano Amaral, advogado

180

" Não tenho dúvida de que o gol de Branco, nas quartas de final contra a Holanda, em 1994, foi um momento inesquecível para mim na história das Copas. Promovíamos um almoço na minha casa, onde vários amigos participavam. Não tinha espaço para a derrota, pois a euforia era tamanha. Só que não tínhamos 'avisado' aos holandeses sobre isso; o time deles estava insuperável. Até que veio o gol salvador de Branco, nos minutos finais. Ufa! Foi uma explosão total de alegria e alívio.

Pelé, Ronaldo e Ronaldinho Gaúcho.

Gylmar; Djalma Santos, Lúcio, Roque Júnior e Roberto Carlos; Clodoaldo, Gérson e Garrincha; Pelé, Ronaldo e Ronaldinho Gaúcho.

Luiz Felipe Scolari. ❞

Luciano Bivar, presidente do Sport Club do Recife

Pelé, Romário e Ronaldo.

Marcos; Cafu, Bellini, Aldair e Nilton Santos; Didi, Rivellino e Zagallo; Pelé, Romário e Ronaldo.

Mário Lobo Zagallo. ❞

Luciano Kleiman, administrador e vice-presidente da SPR Sports

181

❝ *Quem viveu qualquer jejum de títulos sabe o que significa o momento da redenção. Cresci ouvindo meu pai falar de Pelé e companhia, cuja qualidade de futebol ele permanece viúvo até hoje. Como o coração bate de acordo com aquilo que os olhos veem - ao vivo! -, o Tricampeonato Mundial me trazia orgulho, a música dos '90 milhões' emocionava, mas não acelerava os batimentos - como, por exemplo, aquela Seleção de 82, que me levou ao primeiro choro futebolístico, quando Falcão empatou contra a Itália, no Sarriá, e trouxe de volta a esperança por alguns minutos.*
Mas aí veio a Copa de 94. A cada jogo, a vontade de vencer. E, de repente, estávamos ali, em plena final; a uma disputa de pênaltis para dominar o mundo.
A bola de Baggio voando alto, planando linda pelos ares americanos, é o momento em que ser o melhor do mundo deixou de ser dos outros e passou a ser meu também. Foram as primeiras horas nas quais olhava até o horizonte e pensava que até lá – ou muito além – não tem ninguém melhor do que nós! Hoje, é um privilégio já ter comemorado duas Copas e ter a certeza de que outras virão. Não sei como seria se a Copa de 94 tivesse outro desfecho...

182

❝ *Pela minha idade, vi o Brasil vencer as Copas de 94 e 2002. A primeira foi muito mais marcante para mim. A Seleção do Tetra é injustiçada, marcada por críticas muito fortes. Um time que tinha Romário e Bebeto na frente não pode ser desprezado. Lembro-me do momento do pódio, quando Romário, com lágrimas nos olhos, levanta a Taça e fala para Branco: '— Valeu, Cumpadi!'. Essa imagem dele chorando me vem à cabeça sempre.*
Já entre as Copas que não vivi, não posso deixar de citar a de 70 pelo contexto político. Haviam pessoas presas, exiladas. E, mesmo assim, todos torciam por uma seleção que mostrou um futebol fantástico.

Garrincha, Pelé e Romário.

Gylmar; Djalma Santos, Bellini, Aldair e Nilton Santos; Clodoaldo, Didi e Gérson; Garrincha, Pelé e Tostão.

Mário Lobo Zagallo. ❞

Lúcio de Castro, repórter e diretor do filme "Memórias do Chumbo – O Futebol nos Tempos do Condor"

183

❝ Posso dizer, sem dúvida, que as emoções da adolescência são as mais marcantes, já que têm uma intensidade que só percebemos ser exagerada com o passar do tempo. Essa é a fase em que amamos e sofremos mais, o que não é diferente no caso de uma de nossas maiores paixões, o futebol.
A cena mais marcante para mim aconteceu quando eu tinha 14 anos: o Brasil, melhor seleção da Copa de 1982, com um futebol que encantava a todos, havia acabado de ser eliminado pela Itália, num jogo épico, em que vivi emoções extremas de alegria e tristeza várias vezes dentro dos 90 minutos. Foi uma lição dura de ser aprendida quando se é um garoto novo e louco por futebol: nem sempre o melhor vence.
Como o objetivo é falar das emoções do Brasil Pentacampeão, a imagem de maior destaque - construída ao longo dos anos na minha mente por conta das inúmeras vezes que a revi - é a do lance que culminou no quarto gol do Brasil, do capitão Carlos Alberto, na final da Copa de 70 contra a Itália. Jogada de beleza única!

Garrincha, Pelé e Romário.

Gylmar; Carlos Alberto, Bellini, Piazza e Nilton Santos; Zito, Didi e Rivellino; Garrincha, Pelé e Romário.

Mário Lobo Zagallo. ❞

Luís Fernando Pozzi, autor do livro "A Grande Jogada: Teoria e Prática do Marketing Esportivo"

184

❝ Na Copa de 58, o que mais me marcou foi a revelação de Pelé como um grande craque aos 17 anos. Na de 62, a superação de Garrincha, que supriu a ausência de Pelé, machucado, e fez gol até de cabeça. Na de 70, os dois gols que o Pelé não fez, depois daquele drible de corpo no goleiro do Uruguai e do chute de longe para surpreender o goleiro Viktor, da Checoslováquia. Na de 94, a liderança no campo de Dunga e o pênalti mal batido pelo italiano Baggio, que nos deu a Copa. Na de 2002, a dramática reabilitação de Ronaldo, depois da sua ainda inexplicável baixa na Copa anterior, na França.

Pelé, Garrincha e Dunga.

Taffarel; Djalma Santos, Lúcio, Orlando e Nilton Santos; Dunga, Didi e Gérson; Garrincha, Pelé e Rivellino.

Mário Lobo Zagallo. ❞

Luis Fernando Verissimo, jornalista, escritor e articulista do O Estado de S.Paulo

185

❝ O lance que mais me marcou foi o primeiro gol de Ronaldo, na vitória de 2 x 0 em cima da Alemanha, em 2002. Antes da final, o goleiro alemão, Oliver Kahn, havia sido eleito o melhor jogador do Mundial. Eu era repórter, trabalhava na editoria de esportes do Diário de São Paulo; nas discussões antes da partida, quase todo mundo apontava a Alemanha como favorita, porque tinha um goleiro que era chamado de Muralha. E antes de iniciar o jogo – em tom desafiador – eu disse na redação: '— Se caiu até o Muro de Berlim, hoje a Muralha Alemã vai desabar'.
O primeiro tempo foi morno, terminando em 0 x 0, e o goleiro Oliver Kahn foi muito bem. Mas, por volta dos 22 minutos do segundo tempo, após um chute de Rivaldo de fora da área, a tal Muralha ruiu, fracassou e errou

ao soltar a bola, no popular 'bateu roupa'; e Ronaldo apareceu para fazer 1 x 0. Gritei, perguntando aos companheiros de redação: '— Cadê a Muralha!? Não falei que ia falhar? E aguardem, que vem mais gol por aí!'. E mais ou menos dez minutos depois, Ronaldo fez o segundo gol e praticamente decretou o Pentacampeonato brasileiro. Oliver Kahn ruiu, e nosso goleiro Marcos fez grandes defesas, transformando-se no paredão brasileiro.

Pelé, Garrincha e Romário.

Gylmar; Carlos Alberto, Bellini, Mauro e Nilton Santos; Zito e Didi; Garrincha, Pelé, Romário e Ronaldo.

Mário Lobo Zagallo. "

Luiz Ademar, jornalista da TV Globo (SporTV) e presidente da Associação dos Cronistas Esportivos do Estado de São Paulo – Aceesp

186

" Sou de uma geração que teve o privilégio de ver Pelé jogar ao vivo, mas que só assistiu às imagens dos primeiros Mundiais vencidos pela Seleção Brasileira anos depois das conquistas. Vi todos os jogos das Copas de 58 e 62 em um telão montado no meio da Rua Florida Paulista, em São Paulo, em 1963; imagens de filmes do Primo Carbonari e do Canal 100. Todos nós vibrávamos como se os jogos estivessem acontecendo naquele instante. Comemorávamos os gols como se não soubéssemos o resultado das partidas. Lembro-me muito de Brasil 2 x 1 Espanha, na Copa de 62, com dois gols de Amarildo; o primeiro de chaleira, o segundo de cabeça. Ele foi o grande herói daquele jogo. A partir dali, virei fã dele e de Garrincha e comecei a torcer pelo Botafogo – numa época em que todo mundo era santista por causa de Pelé.

Garrincha, Garrincha e Garrincha!

Gylmar; Djalma Santos, Mauro e Nilton Santos; De Sordi e Zito; Garrincha, Vavá, Amarildo, Pelé e Zagallo.

Mário Lobo Zagallo. "

Luiz Calanca, dono da Baratos e Afins, loja de discos que existe desde 1978 na Galeria do Rock em São Paulo, SP

187

" O gol de Romário contra a Suécia pela semifinal da Copa de 94. Todo mundo estava acostumado a ver o Romário fazendo gol com os pés, e, de repente, ele surpreende e marca de cabeça - e justamente contra um time com jogadores muito altos. Foi engraçado ver o Baixinho subir mais do que aqueles dois grandalhões suecos.

Pelé, Ronaldo e Romário.

Taffarel; Cafu, Aldair, Ricardo Rocha e Roberto Carlos; Dunga, Ronaldinho Gaúcho e Pelé; Garrincha, Ronaldo e Romário.

Luiz Felipe Scolari. "

Luiz Carlos da Silva Pinheiro, motoboy

188

" Sem dúvida alguma, o momento que mais me marcou em Copas do Mundo foi o gol de empate de Rivaldo contra a Inglaterra, pelas quartas de final, em 2002. Finalmente, estávamos jogando com uma seleção de nome, que colocava respeito.

O Brasil tremeu no início, e tomamos um gol numa falha da zaga. De repente, a bola é roubada na defesa brasileira e chega até Ronaldinho Gaúcho, que, com um fôlego de menino, dispara pela intermediária sem ninguém alcançá-lo. Um marcador aparece e, numa pedalada, o inglês desmonta e sai, literalmente, catando cavaco. Na sequência, Ronaldinho enfia a bola para Rivaldo, que, com um toque de craque, de gênio, de melhor daquela Copa – em minha opinião –, acerta o canto do goleiro num chute de sinuca. Golaço.

Eu tinha apenas 19 anos e estava na casa do meu amigo André Troster com mais 30 amigos, e fomos abaixo; estávamos esperando um lance tipicamente brasileiro fazia tempo. Depois disso, Ronaldinho Gaúcho ainda acertou um gol absurdo no ângulo, para vencermos o jogo. Nunca vou esquecer a euforia. Saímos com o fusca velho de um amigo e paramos uma pista da Avenida Paulista, que estava com quase ninguém. Até dei uma entrevista para a TV Cultura no calor da comemoração. Tínhamos certeza de que seríamos campeões depois daquilo.

Pelé, Garrincha e Romário.

Gylmar; Djalma Santos, Aldair, Bellini e Nilton Santos; Didi, Clodoaldo e Rivaldo; Garrincha, Pelé e Romário.

Mário Lobo Zagallo. 🙶

Luiz Ferraz, diretor e produtor de cinema

189

🙶 Fui vizinho de Djalma Santos no bairro da Parada Inglesa, em São Paulo, quando ele jogou pela Portuguesa e, depois, pelo Palmeiras. Ele era um bom sujeito; fez parte de uma geração em que a qualidade técnica e o talento dos jogadores valiam mais do que o preparo físico.

A Copa de 58 foi a que mais me marcou, conquistada de cabo a rabo pelo Brasil. A Seleção tinha jogadores extraordinários, como Gylmar, Zito e Mauro (um monstro de zagueiro!).

Um exemplo desse futebol antigo, que tanto me encantou e não existe mais, é o gol de Pelé contra o País de Gales, em que ele dá um chapéu dentro da área, no meio de dois adversários, e garante a vitória por 1 x 0.

Pelé, Zito e Gylmar.

Gylmar; Djalma Santos, Mauro, Zózimo e Altair; Zito e Didi; Garrincha, Pelé, Vavá e Mazzola.

Mário Lobo Zagallo. 🙶

Luiz Vital Bicoletto, feirante; trabalha no varejão do Ceagesp há 20 anos

190

🙶 A Copa de 70 foi a que mais me emocionou, e o lance mais marcante foi o drible de corpo de Pelé no goleiro Mazurkiewicz, no jogo contra o Uruguai. Não resultou em gol... Paciência. É a maior obra de arte do futebol. A maior criação futebolística da história! O lance que ajudou a definir o futebol como arte. Sempre que o revejo me emociono.

Garrincha, Pelé e Romário.

Gylmar; Carlos Alberto, Mauro, Piazza e Nilton Santos; Clodoaldo, Zito e Gérson; Pelé, Romário e Rivellino.

Vicente Feola. 🙶

Luiz Zanin, jornalista e colunista do Estadão

191

" A disputa de pênaltis na final da Copa do Mundo de 1994. Toda a sequência foi emocionante, em especial a defesa de Taffarel no pênalti do Massaro. Eu estava em Atlanta, nos Estados Unidos, na casa de amigos brasileiros. Fizemos pratos típicos e assistimos ao jogo juntos; depois, fomos comemorar na rua. Meu marido saiu numa foto de um jornal de Atlanta durante a comemoração. Foi muito bom. Era um momento em que o Brasil precisava melhorar sua autoestima; havia desconfianças se a economia do País iria decolar após décadas de inflação e sofrimento do povo. Foi um marco na renovação das esperanças.

Pelé, Ronaldo e Garrincha.

Taffarel; Cafu, Bellini, Mauro e Nilton Santos; Didi, Rivellino e Zagallo; Garrincha, Pelé e Ronaldo.

Luiz Felipe Scolari. "

Luiza Helena Trajano, presidente do Magazine Luiza

192

" O lance que mais me marcou foi o gol de empate contra o Uruguai, no final do primeiro tempo da semifinal da Copa de 70. O gol de Clodoaldo animou o time, que voltou com energias renovadas para o segundo tempo e venceu a partida por 3 x 1. Eu estava em Brasília, meio acampado, pois a cúpula do Banco do Brasil – onde eu trabalhava – estava transferindo-se, a toque de caixa, do Rio para a Capital Federal. A vitória contra a Seleção do Uruguai, que desde 1950 estava atravessada na garganta dos brasileiros, lavou minha alma.

Pelé, Garrincha e Ronaldo.

Gylmar; Djalma Santos, Bellini, Orlando e Nilton Santos; Zito, Gérson e Rivellino; Garrincha, Pelé e Ronaldo.

Luiz Felipe Scolari. "

Mailson da Nobrega, economista e escritor

193

" Lembro-me de dois momentos que me emocionaram. O primeiro, na final da Copa de 58. Eu já morava perto de Tremembé, na Serra da Cantareira, em São Paulo. O jogo vinha irradiado pelas rádios AM. A voz do locutor oscilava com as ondas. Os alto-falantes nas igrejas e locais públicos amplificavam o que recebiam das rádios. Na minha rua, longe dos alto-falantes, ouvi bem o radialista: '— O tempo passa... Placar na Suécia: 5 x 2. O Brasil vence!'. Quando o jogo acabou, foi uma explosão de alegria e de fogos! Imediatamente, começamos a ouvir as marchas da vitória: 'Verde, amarelo, branco e anil são as cores do Brasil!' e a inesquecível 'A Taça do Mundo é nossa, com brasileiro, não há quem possa!'. Era final de junho, e o céu ficou logo pontilhado de balões, a maioria com as cores da bandeira do Brasil. Outros meninos e eu ficamos doidos, correndo atrás dos balões, que caiam por todos os lados. Era um 'caixa' aqui, dois 'almofadas' lá e até um raro 'balão cruz', acolá. Não sabíamos para onde correr... Outro grande momento aconteceu na final de 1970. Eu estudava na Universidade da Califórnia, em Los Angeles, EUA. O apresentador do Canal 34, Mario Machado, me convidou para cantar no Los Angeles Fabulous Forum, a maior arena coberta da região, na projeção da final, que seria transmitida ao vivo do México. Havia um trio

que me acompanhava nestas apresentações; entre os músicos estava Fernando Quesada. Inicialmente, cantamos algumas músicas de Tom Jobim. Mas a expectativa, a ansiedade era geral pelo jogo! Assistimos à partida no telão, ao lado de milhares de pessoas. Quando o Brasil ganhou, foi uma festa! Na nossa apresentação, depois, não me recordo bem o que cantamos - acho que foram marchas de carnaval. Era como um sonho. Uma alegria somente superada, talvez, pelos torcedores que estavam lá no México.

Gylmar, Pelé e Cafu.

Gylmar; Cafu, Bellini, Mauro e Nilton Santos; Rivellino, Didi e Zagallo; Garrincha, Tostão e Pelé.

Vicente Feola. "

Malcolm Forest, cineasta, compositor, cantor e intérprete

194

" Para mim, o lance que mais marcou foi a estreia de Pelé, na Copa de 58, na Suécia. Vi aquele menino chegar aqui, na Vila Belmiro, crescer e tornar-se o maior jogador de todos os tempos. Por isso, o início de sua carreira na Seleção foi inesquecível.

Pelé, Carlos Alberto e Garrincha.

Gylmar; Carlos Alberto, Mauro, Piazza e Nilton Santos; Clodoaldo, Zito e Gérson; Pelé, Rivellino e Tostão.

Mário Lobo Zagallo. "

Manoel Gomes Lima, o "seu Maneco", administrador da Vila Belmiro (Estádio Urbano Caldeira), trabalha no Santos Futebol Clube há 51 anos

195

" Quase ninguém esperava que Ronaldo superasse suas graves contusões e jogasse tão bem a Copa do Mundo de 2002. Sempre fui fã de carteirinha de seu futebol, e nunca duvidei de sua recuperação. Para mim, Ronaldo foi o melhor jogador do Brasil depois de Pelé. Um momento inesquecível é o primeiro gol que ele marcou, de forma brilhante, na final contra a Alemanha. Com seu arranque tradicional e fantástico, Ronaldo aproveitou o rebote do consagrado Oliver Kahn (tido por todos como o melhor goleiro do mundo), chegou anos-luz à frente do goleiro alemão e marcou o gol que coroava sua trajetória na Seleção. Após lutar contra tudo e todos para estar presente na Copa, ele defendeu como um leão as cores da nossa Bandeira.
Senti, naquela hora, um prazer duplo, pois Ronaldo concretizava tudo aquilo que eu já sabia e sustentava: ele era 'o' cara, e o Brasil era Pentacampeão Mundial. Eu estava com minha esposa, filha, mãe e sogra, e havia exatamente dois meses que meu filho Marcello tinha nascido. Na comemoração, como bom amante do futebol, soltei a seguinte frase: '— É, filho, você já nasceu vendo o Brasil campeão!'.

Pelé, Ronaldo e Romário.

Gylmar; Cafu, Bellini, Mauro e Nilton Santos; Dunga e Gérson; Pelé, Garrincha, Ronaldo e Romário.

Luiz Felipe Scolari. "

Marcello Cordeiro Sangiovanni, engenheiro e vice-presidente da Confederação Brasileira de Futebol 7 Society – CBF7

196

" O gol de falta de Branco no jogo do Brasil contra Holanda na Copa de 94. Foi marcante

pelo momento da partida, um gol libertador com muita emoção. E esse jogo foi ainda mais especial, pois, durante a comemoração da vitória, beijei minha mulher pela primeira vez.
Era o último dia de aula na faculdade e propus que, se o Brasil fosse campeão, cada um teria que trazer um presente de férias para o outro. A torcida pelo Brasil foi mais forte do que nunca! E não é que deu certo? O Brasil foi campeão, e tivemos que nos encontrar para trocar presentes; até hoje, continuamos trocando presentes e beijos. Essa foi a Copa mais especial.

Pelé, Ronaldo e Romário.

Taffarel; Jorginho, Aldair, Lúcio e Branco; Dunga, Gérson e Rivellino; Pelé, Garrincha e Ronaldo.

Carlos Alberto Parreira. 🙶

Marcelo Cocco Urtado, engenheiro agrônomo

197

🙶 Jogo contra o País de Gales, nas quartas de final, em julho de 1958. No segundo tempo, a partida estava muito difícil... E, num lance genial, Pelé deu um chapéu no zagueiro dentro da área, marcou um golaço e classificou o Brasil!

Pelé, Garrincha e Romário.

Taffarel; Carlos Alberto, Djalma Santos, Bellini e Nilton Santos; Zito, Garrincha e Didi; Romário, Pelé e Rivellino.

Luiz Felipe Scolari. 🙶

Marcelo Galvão, cineasta

198

🙶 Do lance que mais me marcou, curiosamente, não me lembro. Nasci no dia 8 de junho de 1970, no meio da primeira fase da Copa do México. Minha mãe sempre dizia que eu tremia de medo quando lançavam fogos de artifício; acabei deduzindo que foram nos gols de Brasil 3 x 2 Romênia, quando eu estava com dois dias de vida. Então, esse foi meu jogo mais marcante. Na final contra a Itália, eu já era experiente, com 13 dias e três jogos nas costas; certamente, lidei bem com a pressão da decisão.

Romário, Romário e Romário! Resposta polêmica como ele próprio, mas vejo as outras seleções brasileiras capazes de ganhar as Copas que ganharam mesmo sem seu principal jogador.

Marcos; Djalma Santos, Bellini, Orlando e Nilton Santos; Dunga, Didi e Gérson; Garrincha, Pelé e Romário.

Luiz Felipe Scolari. 🙶

Marcelo Soares, diretor-geral da Som Livre

199

🙶 Nas lembranças que guardo das conquistas do Brasil nas Copas do Mundo, há um jogador que sobressai: Clodoaldo, meio-campista no Tri do México. Eu era um adolescente de 14 anos em 1970, foi a primeira Copa em que realmente acompanhei o — assim era chamado — Escrete Canarinho. Clodoaldo está presente como protagonista de dois momentos capitais daquela campanha: no gol de empate na semifinal contra o Uruguai, no apagar das luzes do

primeiro tempo; e no lance que antecede a pintura de Carlos Alberto Torres, que fechou o caixão dos italianos na decisão.
Ainda nutríamos intensa rivalidade contra os uruguaios, provocada pelo Maracanazzo de 1950. Eu assisti a esse jogo no quarto onde minha mãe convalescia de uma cirurgia, no Hospital Ana Costa, em Santos. O silêncio do local deu lugar a uma gritaria ensurdecedora quando Corró recebeu o passe milimétrico de Tostão e venceu Mazurkiewicz. Nos corredores, médicos, enfermeiros, internos e visitantes se abraçavam como se estivessem num estádio. O gol de Clodoaldo foi fundamental para a virada que viria no segundo tempo e nos conduziria à finalíssima.
No jogo final, o craque do Santos se transformou novamente em meu personagem, ao enfileirar quatro adversários no início da jogada que terminaria com o chute cruzado do capitão da equipe, decretando o 4 x 1 inapelável. Naqueles breves segundos, a arte de Clodoaldo – produto de uma época em que os cabeças de área sabiam jogar bola – sintetizou a categoria de um futebol que dominava os gramados sem contestação.

*Pelé, Garrincha e Romário.
Pelé é hors-concours.*

Taffarel; Djalma Santos, Mauro, Orlando e Nilton Santos; Zito e Didi; Garrincha, Jairzinho, Romário e Rivellino

Vicente Feola. 🙶

Márcio Fonseca, *jornalista*

🙶 *Dentre todos os jogos das cinco Copas vencidas pelo Brasil, o das oitavas de final contra a Bélgica, em 2002, prepondera nas minhas lembranças e emoções. O lance mágico foi a defesa milagrosa de São Marcos, aos sete minutos do segundo tempo; ele saltou como um felino e desviou para escanteio, com as pontas dos dedos, o chute certeiro e venenoso de Wilmots, capitão do time e melhor atacante da seleção belga. Naquele exato instante, meu querido pai, Same Calil Nicolau Eid, convalescendo de uma cirurgia de aneurisma cerebral, no Hospital de Base de São José do Rio Preto, onde assistíamos à partida, disse-me com dificuldade de articulação: '— Filho, o goleiro do seu time acaba de nos dar o título mundial'. Abracei com carinho aquele corintiano que eu tanto amava.
Além da grande atuação de Marcos, essa passagem sensibilizou-me muito pelo fato de estar com meu pai na cidade onde, na minha infância, ele me levava para assistir às apresentações do Palmeiras contra o América, pelo Campeonato Paulista. Na década de 60, morávamos na pequena Novo Horizonte. A viagem, aos domingos, era uma deliciosa aventura. Saíamos de nossa modesta casa às 4h30, caminhando pela madrugada até o Bar do Ponto, de onde partia a jardineira. Depois de duas horas e meia de estrada de terra, passando por fazendas e sítios, chegávamos a Catanduva; na rodoviária, tomávamos o ônibus para Rio Preto. Depois, outra longa caminhada até o velho Estádio Mário Alves Mendonça. Na lancheira, quibes, esfihas e outras delícias da maravilhosa culinária árabe da vovó Júlia.
Em 2002, depois de tantos anos, estava de novo com meu pai em São José do Rio Preto, assistindo a um jogo de futebol. Quando ele teve alta hospitalar, viajamos, Pentacampeões do Mundo, rumo a Novo Horizonte. Foi a última vez que percorremos juntos aquela estrada chamada saudade!*

Pelé, Didi e Marcos.

Marcos; Djalma Santos, Bellini, Piazza e Nilton Santos; Clodoaldo, Zito e Didi; Garrincha, Vavá e Pelé.

Luiz Felipe Scolari. 99

Marco Antônio Eid, jornalista, diretor de Operações da RV & A (Ricardo Viveiros & Associados – Oficina de Comunicação)

201

66 *Toda a minha participação na Copa de 70 foi muito emocionante. Eu estava lá defendendo nosso País, dando alegria ao povo brasileiro. O período de preparação para a Copa foi essencial na conquista do Tri. Chegamos ao México antes das outras seleções e fizemos trabalhos físicos para nos acostumarmos a jogar na altitude.*
A acolhida do povo mexicano, toda a sua simpatia, nos ajudou muito. Foi uma emoção o que os mexicanos fizeram por nós. Eles torciam para o Brasil como se estivessem torcendo para o próprio México. Faziam coisas incríveis, choravam de joelhos na frente do nosso ônibus. Jogamos aquela Copa como se estivéssemos em casa.

Clodoaldo, Pelé, Garrincha e Ronaldo.

Taffarel; Djalma Santos, Mauro, Orlando e Everaldo; Clodoaldo, Nilton Santos (como um volante mais ofensivo mesmo) e Gérson; Garrincha, Ronaldo e Pelé.

Mário Lobo Zagallo. 99

Marco Antonio Feliciano ⭐, Campeão pela Seleção Brasileira na Copa de 1970

202

66 *Quando recebi o convite para participar deste livro, achei que se tratava de missão simples e rápida escolher o gol mais marcante, escalar minha seleção de todos os tempos e selecionar os três jogadores mais importantes das cinco conquistas. Ah! Ledo engano. Na hora da verdade, vi que a tarefa não seria nada fácil. Talvez, para um torcedor de um país com apenas uma conquista, esse tipo de tarefa fosse mesmo muito simples. Uma seleção com um grande astro na história e pronto, tudo resolvido. Mas com o Brasil?! Caramba, que dureza! Rememorei os gols mais marcantes e consegui ficar dividido apenas entre dois: o de Pelé contra a Itália, empatando o jogo que ganharíamos por incríveis 4 x 1, na final da Copa de 70. O outro, gol de Romário, o primeiro na vitória sobre a Holanda na Copa de 94.*
O de Pelé foi o de empate numa final contra uma seleção, como o Brasil, Bicampeã do Mundo. O de Romário, o gol que abriu o placar de um jogo de quartas de final. O de Pelé, uma cabeçada espetacular, e o goleiro era o grande Zoff. Romário escora um forte cruzamento de Bebeto, estando com os dois pés no ar, pernas abertas, como se flutuasse, como um spacatto, clássico movimento do balé. O gol de confecção mais difícil que vi. O mais belo!
Alguns anos atrás, estive na Cidade do México e fiz questão de pedir aos meus anfitriões para visitar o Estádio Azteca. Felizardo, pude ir ao campo e parar embaixo da trave onde Pelé marcou. Fechei os olhos, e a emoção da lembrança daquele momento chegou trazida pelas lágrimas – e isso ajuda a me decidir pelo gol de Pelé.

Pelé, Garrincha e Rivaldo.
Peço licença para considerar Pelé hors--concours.

Marcos; Djalma Santos, Bellini, Piazza e Roberto Carlos; Clodoaldo, Gérson e Mazinho; Garrincha, Romário e Rivaldo.

Mário Lobo Zagallo. 99

Marco Aurelio Klein, autor do livro "Futebol Brasileiro 1894 a 2001" e diretor-executivo da Autoridade Brasileira de Controle de Dopagem

203

66 Um lance que marcou muito na conquista da Seleção Brasileira no Mundial de 2002 aconteceu na final contra a Alemanha. O Brasil ganhava de 2 x 0, mas a Alemanha era só pressão. Num chute à queima-roupa do jogador Bierhoff, aos 37 minutos do segundo tempo, o goleiro Marcos fez um milagre, desviando a bola com a mão esquerda para escanteio. Eu estava em casa nervoso e, com essa defesa, falei: '— O Brasil será campeão!'.

Pelé, Romário e Rivaldo.

Marcos; Cafu, Aldair, Roque Júnior e Roberto Carlos; Mauro Silva, Mazinho, Rivaldo e Pelé; Ronaldo e Romário.

Luiz Felipe Scolari. 99

Marco Malossi, administrador de empresas e gerente comercial da Editora WMF Martins Fontes

204

66 Estocolmo era o palco em 1958. O Brasil participava de sua segunda final de Copa do Mundo e tinha a chance de levar o título inédito. Após a Suécia abrir o placar, o fantasma de 1950 começava a assombrar a Seleção.
Não muito tempo depois de sofrer o gol, o Brasil virou o jogo. O lance-chave da partida, porém, aconteceu no segundo tempo. Após cruzamento vindo da esquerda, Pelé mata no peito, aplica o famoso chapéu no zagueiro sueco, que, de maneira desesperada, tenta pará-lo com falta; mas o craque canarinho resiste e bate de primeira.
Esse foi um momento inesquecível da minha adolescência. Garoto, 13 anos, na casa dos meus pais, mal contendo minha emoção e confiante de que aquele gol seria determinante para vencermos a primeira das Copas.

Pelé, Garrincha e Romário.

Marcos; Carlos Alberto, Aldair, Piazza e Roberto Carlos; Clodoaldo, Gérson e Rivellino; Garrincha, Pelé e Romário.

Vicente Feola. 99

Marcos Cintra, economista, professor universitário e vice-presidente da Fundação Getulio Vargas

205

66 Para mim, a verdadeira final da Copa de 70 aconteceu nas oitavas, com Brasil e Inglaterra. Se Félix não defendesse a cabeçada à queima-roupa de Francis Lee, a coisa poderia engrossar, pois o goleiro da Inglaterra, Banks, estava pegando tudo - inclusive aquela cabeçada certeira de Pelé. Por isso, eu escolho o gol de Jairzinho, ainda no primeiro tempo, que começou com Tostão e passou por Pelé. Foi o maior momento não só pela beleza, mas também pela importância na partida.

Pelé, Garrincha e Tostão.

Marcos; Carlos Alberto, Mauro, Orlando e Nilton Santos; Clodoaldo, Gérson e Rivellino; Garrincha, Tostão e Pelé.

Luiz Felipe Scolari 99

Marcos Rangel, engenheiro

206

66 Da Copa que eu participei, em 2002, a partida das oitavas de final, contra a Bélgica, foi um jogo em que fiz grandes defesas. Outra jogada marcante foi a falta cobrada por Neuville no início do segundo tempo da final contra a Alemanha, quando espalmei a bola e ela bateu na trave.
Nas demais conquistas da Seleção, não me esqueço do pênalti chutado para fora por Baggio na decisão de 1994. Eu estava iniciando minha carreira, e ver o Brasil ser campeão depois de tanto tempo foi muito emocionante.

Pelé, Romário e Ronaldo.

Muita gente boa ficará de fora, mas como só posso escalar 11...
Gylmar; Cafu, Bellini, Aldair e Roberto Carlos; Dunga e Clodoaldo; Garrincha, Pelé, Romário e Ronaldo.

Luiz Felipe Scolari. 99

Marcos Roberto Silveira Reis ★, Campeão pela Seleção Brasileira na Copa de 2002

207

66 Fato marcante para mim foi a participação de Garrincha na Copa de 62. Ele foi decisivo na conquista do Bicampeonato Mundial. Além de driblar, passar e colocar na roda os adversários, marcou gols de todos os jeitos. O gol de cabeça contra a Inglaterra e o de perna esquerda contra o Chile foram raríssimos e especiais.

Pelé, Garrincha e Gylmar.

Gylmar; Carlos Alberto, Mauro, Orlando e Nilton Santos; Zito e Didi; Garrincha, Tostão, Pelé e Rivellino.

Aymoré Moreira. 99

Marcus Rodrigues, comerciante em Viradouro, SP

208

66 O gol de Clodoaldo contra o Uruguai na Copa de 70. Fiquei muito feliz porque o Brasil estava perdendo, e o gol de empate aconteceu no fim do primeiro tempo. Sem falar que, na época, Clodoaldo era jogador do Santos, meu time do coração.

Pelé, Romário e Ronaldo.

Taffarel; Carlos Alberto, Mauro, Brito e Nilton Santos; Clodoaldo, Gérson, Didi e Rivellino; Ronaldo e Pelé.

Mário Lobo Zagallo. 99

Mário Andrada, diretor de Comunicação da Nike do Brasil

209

66 Como só acompanhei três das cinco Copas do Mundo que o Brasil ganhou - nasci

em 1961 -, os lances que estão marcados na minha memória são a partir de 1970. Entre todos, o mais especial foi protagonizado por Pelé, no jogo contra o Uruguai na Copa de 70: o drible de corpo que ele deu no goleiro Mazurkiewicz. Aquele lance foi genial, a bola não entrou por centímetros. Ficará marcado para sempre. Eu tinha apenas nove anos e ainda vivia em Jaú, interior de São Paulo. Foi uma jogada histórica, que remete também à minha infância e me deixa arrepiado toda vez que a relembro.

Pelé, Romário e Ronaldo.

Marcos; Carlos Alberto, Brito, Márcio Santos e Everaldo; Clodoaldo, Gérson, Pelé e Rivellino; Jairzinho e Tostão.

Mário Lobo Zagallo. 99

Mário Gobbi Filho, presidente do Sport Club Corinthians Paulista

210

66 O lance que mais me marcou foi o gol de Rivaldo contra a Bélgica na Copa de 2002. O jogo estava muito difícil; o juiz havia anulado um gol da Bélgica, que pareceu legítimo, e o Brasil disputava sua ida à semifinal do torneio. Era um dia da semana de manhã; eu estava na sala de TV da minha casa e vibrei muito. Para mim, esse foi o momento que me fez acreditar no título, que, de fato, chegou depois dos jogos contra Turquia e Alemanha. Essa Copa foi especial porque foi conquistada por Luiz Felipe Scolari, o Felipão, técnico que até hoje admiro. Rivaldo, que foi jogador do Palmeiras, também estava lá, e eu torcia muito pelos dois.

Pelé, Romário e Ronaldo.

Marcos; Cafu, Lúcio, Ricardo Rocha e Nilton Santos; Clodoaldo, Gérson e Pelé; Romário, Ronaldo e Rivaldo.

Luiz Felipe Scolari. 99

Mário Luiz Sarrubbo, Procurador de Justiça em São Paulo

211

66 As diabruras de Garrincha na Copa de 58. Eu tinha 12 anos e morava na Alameda dos Arapanés, em Moema, a rua de terra em que nasci. Minha casa tinha até pomar, e o muro dos fundos dava para o 'João Sem', a mais tradicional choperia da região. Durante os jogos, eu sentava na calçada com um radinho Spika que ganhei do meu pai, e a garotada fazia uma enorme roda para vibrar junto.
Tem também o lance de Pelé contra Mazurkiewicz, na Copa de 70, que foi o Mundial que mais me marcou como telespectador (nos outros, estive presente como integrante da Band e não prestava muita atenção, pois a concentração era total); transmissões a cores, lances sensacionais, mas destaco a jogada de Pelé pela emoção.
E duas grandes decepções: final da Copa de 98, quando o narrador Luciano do Valle, antes de a partida contra a França começar, disse pela minha linha de retorno do estádio: '— Maraco, estavam testando as escalações nos telões do estádio, e vi quando a do Brasil citava Edmundo, e não Ronaldo... Veja por aí se alguém tem essa informação'. Aí veio a história de que os dirigentes entraram no vestiário e, praticamente, exigiram a escalação de Ronaldo. A equipe já estava abalada pelo acontecido do dia anterior com o jogador. Até hoje, nem mesmo nós,

jornalistas, sabemos a verdade dos fatos. A segunda foi na Copa da Itália, em 1990, quando eu estava no estádio, em Turim, e pude presenciar, da posição de comentarista, Luciano narrar o gol da Argentina, que acabou com a nossa pretensão de uma grande cobertura naquela Copa.

Pelé, Garrincha e Gérson.

Gylmar; Carlos Alberto, Bellini, Piazza e Nilton Santos; Zito, Gérson e Rivellino; Garrincha, Ronaldo e Pelé.

Luiz Felipe Scolari. 99

Mario Marcos "Maraco" Girello, ex-assistente da Superintendência do Esporte da TV Band

212

66 *As cinco conquistas da Seleção em Copas do Mundo foram marcadas por momentos mágicos e inesquecíveis, de uma forma que somente o futebol brasileiro, que mais vezes venceu e encantou o mundo, poderia fazer. Entre tantos gols de Pelé, dribles desconcertantes de Garrincha, precisão decisiva de Romário, segurança de Zito, Bellini e Dunga e grandes defesas de Gylmar, Taffarel e Marcos, gostaria de destacar os dois gols de Ronaldo contra a Alemanha, em 2002, como os mais marcantes para mim. Eu já havia assistido à conquista de 1994, porém a de 2002 teve um sabor especial por duas razões: a primeira, porque foi uma campanha impecável, 100% de aproveitamento em sete jogos, marca ainda não alcançada até hoje; a segunda, porque tive a emoção de assistir aos jogos com meu filho, Felipe, na época prestes a completar três anos de idade. Ele já se mostrava um grande aficionado por futebol, e a cada gol ele balançava a bandeira e corria pela casa em plena manhã de domingo.*

O quinto Título Mundial, somado à emoção de ver meu filho comemorando comigo, foi realmente algo inesquecível.

Pelé, Garrincha e Ronaldo.

Gylmar; Djalma Santos, Bellini, Lúcio e Nilton Santos; Zito, Clodoaldo e Rivellino; Garrincha, Ronaldo e Pelé.

Mário Lobo Zagallo. 99

Mario Ruggiero, diretor-comercial da Nielsen Brasil e membro da Abraesporte

213

66 *Como sou nascido em 1962, só me lembro da inesquecível Seleção da Copa de 70 para a frente. O lance que mais me marcou foi o pênalti que Roberto Baggio chutou por cima do travessão, em 1994; finalmente, o Brasil era Tetracampeão. A minha juventude toda passei por traumas de pênaltis e bolas perdidas: de Zico contra a França, em 86; de Toninho Cerezo, que perdeu a bola na intermediária e acabou contribuindo para a Itália eliminar o Brasil da Copa de 82, na qual tínhamos um ótimo time.*
Entretanto, o cenário que mais está presente em minha cabeça refere-se àquela tarde de domingo ensolarada em que o Brasil se tornou Tricampeão, na vitória de 4 x 1 contra a Itália. As imagens daquela partida estão vivas até hoje. Foi um carnaval generalizado, que ocorreu em todo o País após o final do jogo. Eu era criança, mas atento a tudo. Estava com meus pais na casa de um amigo da família, na Rua Sena Madureira. Fiquei inicialmente assustado com a explosão e com tanta alegria que contagiava o povo em todas as ruas. Não me recordo de ter visto cena parecida em minha vida.

Pelé, Romário e Ronaldo.

Taffarel; Carlos Alberto, Mauro, Piazza e Nilton Santos; Clodoaldo, Gérson e Pelé; Garrincha, Ronaldo e Romário.

Luiz Felipe Scolari. 99

Mario Sergio Luz Moreira, fundador do Grupo Runner Academias

214

66 *Corria o ano de 2002. Eu, então com 29 anos de idade, cursava uma pós na NYU, em Nova York. Sou carioca, tijucano. Aquela seria minha primeira Copa fora do País e, justamente por estar em Nova York, me empolgava a perspectiva de ter ao lado alguém torcendo contra o Brasil. Mesmo a possibilidade de presenciar torcedores de outros países vibrando e sofrendo com suas seleções era divertido.*

Eis que perto de meu alojamento, no Village, um pub irlandês anunciou exaustivamente, semanas antes do Mundial, que passaria todos os jogos em enormes telões. Na primeira fase, o Brasil pegou uma sequência com Turquia, China, Costa Rica e Bélgica, e, em todos estes jogos, a maioria no pub torcia contra o time de Felipão.

Eis que o Brasil, carregado nas costas por Rivaldo e Ronaldo, chega às quartas de final. Nosso adversário? A Inglaterra. Para futuras referências, aviso que não é bacana assistir a jogos contra a seleção inglesa em um pub. A proporção neste dia era de 15 para um. Casa abarrotada, deveriam ter uns 300 súditos da rainha e, contando comigo, uma meia dúzia de gatos pingados de verde e amarelo.

Como era de se esperar, jogo apertadíssimo. Do jeito que caminhava, a chance da vaga para as semifinais ser decidida nos pênaltis era grande. Só mesmo o imponderável poderia desatar aquele nó.

E ele se fez presente. Aos 5 minutos do segundo tempo, Ronaldinho se posicionava para cobrar uma falta na lateral do campo. A distância era razoável, bater direto não era opção. Quem acompanhava a partida imaginava uma bola alçada na área. A bola, batida de chapa pelo dentuço, até fez a curva esperada, mas, de tão aberta, acabou caindo justamente atrás do arqueiro inglês, na gaveta.

Jamais me esquecerei da sensação. Do meu lado, esmagado assim como eu, apertado entre fãs do English Team, um guatemalteco vestia a camisa do Brasil. Na base do 'não-tem-tu-vai-tu-mesmo', nos abraçamos e berramos desesperadamente. Era como soltar fogos de artifício durante um enterro, ao lado da família do falecido.

Depois daquela partida, o Brasil voltou a enfrentar a Turquia em jogo dramático e foi Penta contra a Alemanha, mas minha grande emoção naquela Copa já tinha acontecido. Graças ao cruzamento 'espírita' de Ronaldinho.

Garrincha, Romário e Ronaldo.

Taffarel; Cafu, Ricardo Rocha, Lúcio e Roberto Carlos; Gérson, Rivellino, Didi e Rivaldo; Pelé e Romário.

Carlos Alberto Parreira. 99

Mario Vitor Rodrigues, escritor

215

66 *Gol de Carlos Alberto contra a Itália na Copa de 70. Marcante pela construção do lance, com dribles de Clodoaldo até o passe de Pelé, parando e rolando a bola sem olhar para Carlos Alberto. Analiso tecnicamente, com respeito e sem emoção, pois tinha apenas nove anos na época, e não possuía noção da importância de uma conquista de Copa do Mundo.*

Outro lance maravilhoso foi a defesa de Banks, goleiro da Inglaterra, na cabeçada perfeita de Pelé, de cima para baixo; todo o movimento foi espetacular. Pena não ter visto essa defesa com os recursos de TV que temos hoje, por trás do gol.

Pelé, Garrincha e Ronaldo.

Gylmar; Carlos Alberto, Mauro, Piazza e Nilton Santos; Clodoaldo, Gérson e Rivaldo; Garrincha, Ronaldo e Pelé.

Mário Lobo Zagallo. "

Mario Xandó de Oliveira Neto, assessor-técnico da Confederação Brasileira de Desportos de Surdos e coordenador e técnico da Seleção Brasileira Masculina de Voleibol de Surdos

216

" *A Copa de 94 foi a que mais me marcou. Para destacar um jogo, não tem como não ser o da final Brasil x Itália. O pênalti perdido por Baggio foi inesquecível! Lembro-me até do frio na barriga que me deu! Estávamos em São Sebastião do Paraíso com a família e amigos. Eu fiquei muito feliz; a sensação foi única, todos comemorando e felizes por um mesmo motivo!*

Taffarel, Pelé e Ronaldo.

Taffarel; Cafu, Lúcio, Roque Júnior e Roberto Carlos; Dunga, Mauro Silva e Zinho; Pelé, Romário e Ronaldo.

Mário Lobo Zagallo. "

Matheus Minas, músico da dupla Matheus Minas & Leandro

217

" *A final da Copa de 2002 coincidiu com um dos momentos mais felizes de minha vida: o nascimento de minha filha Maria Eduarda — eu já era pai do João Victor. Foi um final de semana muito doido e cheio de emoções. No sábado, joguei pela Seleção Brasileira contra a Argentina na Liga Mundial. No dia seguinte, minha mulher e eu assistimos, juntos, a Brasil 2 x 0 Alemanha, no hospital mesmo. Estávamos comemorando o Pentacampeonato quando os médicos entraram no quarto para buscá-la e disseram: '— Agora está na hora de você levantar o seu troféu!'.*
Minha filha traz mesmo sorte à Seleção. No dia do seu aniversário de 11 anos (30 de junho de 2013), o Brasil ganhou a Copa das Confederações contra a Espanha!

Romário, Ronaldo e Pelé.

Não sou muito bom em escalar times e não lembro o nome de jogadores em todas as posições, mas não ficariam de fora da minha seleção os três que citei acima - Romário, Ronaldo e Pelé -, além de vários jogadores de 2002, que foi uma geração vencedora. "

Mauricio Lima, ex-jogador da Seleção Brasileira de vôlei, Bicampeão Olímpico em Barcelona 1992 e Atenas 2004

218

" *Para minha geração, que esperou 24 anos para ver e entender o que é a conquista de uma Copa, o lance marcante saiu dos pés de um italiano. Eu me acostumara a ver os gols da maravilhosa Seleção de 70 em videoteipe – todos aqueles gênios em*

campo –, mas o momento de libertação como torcedor brasileiro veio daquele chute 'para a Lua' dado por Roberto Baggio, na cobrança derradeira de penalidades em 1994. Lembro-me como se fosse hoje. Eu estava em Bariri, interior de São Paulo, terra da minha família materna. Havia trabalhado como editor no Diário de S.Paulo durante toda a Copa, e minha única folga tinha caído no dia da final, por sorteio. Resisti aos apelos da chefia e rumei para o refúgio familiar, destacado por duas casas interligadas por um quintal sem muros. Vi o jogo sozinho numa delas, e, no chute de Baggio, quando eu corria para me juntar à festa, tomei um susto: estrondos, barulho de tiros. Topei com meu padrinho Zeca, em êxtase, descarregando um de seus revólveres (ele compete em torneios de tiro esportivo).
'— Não tinha mais rojão na cidade. Brasil! Pow! Brasil! Pow!'.
As balas eram de festim, e o Brasil era Tetra.

Pelé, Garrincha e Romário.

Gylmar; Carlos Alberto, Aldair, Mauro e Nilton Santos; Zito, Didi, Gérson e Pelé; Garrincha e Romário.

Mário Lobo Zagallo. 99

Maurício Noriega, jornalista do SporTV

219

66 Eu tinha pouco menos de dez anos de idade e assisti com muito interesse à Copa do México pela TV. Lembro-me de quando meu pai, apaixonado por futebol, me disse:
'— Quem vencer este jogo, Brasil x Inglaterra, será o Campeão do Mundo de 70'. E me vem à memória o gol lindo de Jairzinho, o Furacão da Copa.
Após jogada trabalhada pela lateral direita, Carlos Alberto Torres passa para Tostão, que chuta para o gol, mas a bola bate no zagueiro da Inglaterra e volta para Tostão, que toca de lado para Paulo Cesar Caju; Tostão recebe de volta, coloca a bola entre as pernas de Bobby Moore, invade a área, faz um giro e, com a perna direita, cruza para Pelé, que domina em frente ao gol e passa com classe para Jairzinho, que vinha pela direita. Jairzinho estoura uma bomba de pé direito, estufando a rede da Inglaterra. Saudades...

Pelé, Jairzinho e Ronaldo.

Taffarel; Carlos Alberto, Brito, Aldair e Branco; Clodoaldo, Rivellino e Garrincha; Jairzinho, Pelé e Ronaldo.

Mário Lobo Zagallo 99

Mauro Carmelio S. Costa Junior, presidente da Federação Cearense de Futebol

220

66 Eu sonhava em vestir a camisa da Seleção Brasileira desde que era criança. Em 1994, fazia 24 anos que o Brasil não era campeão. Senna havia morrido pouco tempo antes, e o País se preparava para um novo plano econômico. Eu sou de uma geração que ainda não tinha visto o Brasil ganhar uma Copa. Havia muita expectativa em cima da gente. Quando Baggio chutou sua cobrança de pênalti para fora, foi uma explosão de alegria. Difícil realizar tudo naquele minuto, na loucura da comemoração. A ficha demorou alguns dias para cair.
Não me esqueço do lance que protagonizei no segundo tempo da final. Arrisquei o chute de fora da área, o goleiro italiano Pagliuca defendeu meio esquisito e soltou a bola, que bateu na trave. Depois, Pagliuca até beijou a trave para agradecer! O jogo estava 0 x 0. Se a bola tivesse entrado, seria o gol do título. Toda vez que revejo esse lance, torço para a bola entrar!

É injusto citar apenas três jogadores. Romário foi determinante em 94, mas Bebeto e Taffarel não foram menos importantes. Em 70, o Brasil tinha uma superseleção,. comandada por um Pelé no auge. Garrincha foi essencial em 62; Rivaldo e Ronaldo, em 2002.

Da mesma forma, não posso escalar uma seleção com apenas 11 jogadores. Deixaria de fora jogadores e técnicos que foram muito importantes para as cinco conquistas. Futebol é um esporte coletivo. Quando o time ganha, todos ganham. Quando perde, todos perdem. As conquistas foram dos grupos. 99

Mauro Silva ⭐, *Campeão pela Seleção Brasileira na Copa de 1994*

221

66 *Depois do resultado negativo das Copas de 50 e 54, a conquista de 58 foi de grande valor. O Brasil era, finalmente, Campeão do Mundo!*
Tive a alegria e a satisfação de ser convocado para a Copa de 62. Todo jogador, para ser completo, sonha em vestir a camisa da seleção do seu país. Eu servi a nossa Seleção e ajudei a conquistar o Bicampeonato, mesmo sem ter entrado em nenhuma das partidas.
A recepção que tivemos quando voltamos ao Brasil marcou muito minha vida. Não me esqueço da alegria do povo nos recebendo. Até hoje, sou reconhecido mundialmente e no meu País.

Não dá para escolher apenas três jogadores. Posso citar Garrincha, Pelé, Zito, Bellini, Gérson, Rivellino... Mas considero que todos os jogadores que participaram das cinco Copas que o Brasil venceu foram importantes para as conquistas desses títulos.

Também não acho justo escalar uma única Seleção Brasileira de todos os tempos com somente 11 jogadores. Quero homenagear todos jogadores, técnicos e comissões técnicas que ajudaram o Brasil a ser Pentacampeão. 99

Mengálvio Pedro Figueiró ⭐, *Campeão pela Seleção Brasileira na Copa de 1962*

222

66 *Uma madrugada inesquecível: 21 de junho de 2002, dia do meu aniversário. Há momentos na vida em que nos lembramos com perfeição onde estávamos e o que fazíamos. Por exemplo, quando o eterno Ayrton Senna sofreu o fatal acidente, eu estava vendo a corrida sentada na cama da minha mãe. Quando o World Trade Center ruiu, estava trabalhando na redação da TV Gazeta como estagiária. Emoções especiais ficam gravadas para sempre.*
Era uma sexta-feira; acordei às três da manhã para assistir às quartas de final entre Brasil e Inglaterra. Sozinha no meu quarto, vivi todas as emoções daquela partida. Minha intuição dizia que, se o Brasil passasse pela Inglaterra, seria campeão da Copa.
A Inglaterra saiu na frente com um gol do garoto prodígio, Michael Owen, aos 23 minutos do primeiro tempo. A partida estava dramática, até que o Brasil conseguiu a igualdade no placar aos 47 minutos com Rivaldo. No segundo tempo, aconteceu o lance que não sai da minha cabeça: logo aos cinco minutos, Ronaldinho Gaúcho marcou um golaço de falta, no ângulo do goleiro Seaman. Gritei, chorei, comemorei. Sozinha no meu quarto me sentia unida a tantos outros milhões de torcedores brasileiros apaixonados. Não poderia receber melhor presente de aniversário da Seleção Brasileira. Naquele momento, tive certeza de que a Copa seria nossa.

149

Pelé, Romário e Ronaldo.

Gylmar; Djalma Santos, Mauro, Márcio Santos e Nilton Santos; Clodoaldo, Gérson e Pelé; Garrincha, Romário e Ronaldo.

Mário Lobo Zagallo. 99

Michelle Giannella, jornalista, advogada e apresentadora dos programas Gazeta Esportiva e Mesa Redonda, da TV Gazeta

223

66 O lance foi o gol de Carlos Alberto Torres na final contra a Itália em 70. Foi, até hoje, o gol mais bonito que já vi. Minha memória daquele dia é toda turva, misturada; eu tinha apenas três anos. Mas lembro-me de ver o jogo com meu pai, lembro-me da sensação, de descer à rua com minha mãe para ver a festa.
Depois, mais velha, aquela sensação voltava toda vez que via o gol. A troca de passes desde a intermediária do Brasil, o toque meio 'nem aí' de Pelé para o lado, sem olhar, o chute de Torres, tão bonito, uniforme, direto. É o lance mais bonito, seguido dos dois gols que Pelé não fez.

Marcos, Ronaldo e Pelé.

Marcos; Djalma Santos, Lúcio, Bellini e Roberto Carlos; Didi, Clodoaldo, Rivellino e Pelé; Romário e Ronaldo.

Carlos Alberto Parreira. 99

Milly Lacombe, escritora e jornalista

224

66 Lembro-me da disputa de pênaltis, em 1994, na final Brasil e Itália. Toda a família reunida na casa de minha avó, em Lorena, SP. Foi muito legal ver a comemoração pós--conquista. A cidade inteira estava na praça. Quando penso naquela Copa, vem a imagem da família toda unida.

Pelé, Romário e Ronaldo.

Marcos; Cafu, Lúcio, Aldair e Roberto Carlos; Mazinho, Gérson e Rivellino; Pelé, Ronaldo e Garrincha.

Luiz Felipe Scolari. 99

Milton Balerini, profissional e técnico de voleibol

225

66 O quarto gol do Brasil na final da Copa de 70, contra a Itália. O lance resume bem a genialidade e a capacidade de jogo coletivo daquela Seleção, e foi a consolidação da vitória naquele jogo. Eu tinha 11 anos na época, e me lembro de assistir a todos os jogos na minha casa, na Vila Olímpia, em São Paulo. Com uma bandeira de um lençol velho e um pedaço de madeira, que eu mesmo fiz, saía para rua ao final de cada jogo, comemorando junto com toda a vizinhança. Aquela Seleção, aquela conquista, aqueles jogadores foram decisivos para que eu me tornasse um apaixonado por futebol.

Pelé, Garrincha e Ronaldo.

Gylmar; Carlos Alberto, Mauro, Bellini e Nilton Santos; Zito, Didi e Gérson; Garrincha, Pelé e Ronaldo.

Vicente Feola. 99

Milton Leite, narrador TV Globo / SporTV

226

66 O gol de Branco, de falta, em 94, no Cotton Bowl de Dallas, na Copa dos Estados Unidos. Foi o único jogo que vi na vida do Brasil, da Seleção, no estádio. Inesquecível!

Pelé, Garrincha e Romário.

Gylmar; Carlos Alberto, Mauro, Zito e Nilton Santos; Clodoaldo e Didi; Garrincha, Romário, Pelé e Zagallo.

Aymoré Moreira. 99

Milton Neves, jornalista

227

66 Certamente, o Tetracampeonato foi o momento mais marcante para mim. Embora eu tivesse apenas sete anos de idade, aqueles dias de jogos da Seleção são muito vivos na minha memória, até mais do que os do Pentacampeonato. Eu era uma garotinha passando as férias na casa da avó no interior de São Paulo, na pacata cidade de Gália, comendo pipoca em frente à televisão. E ficava surpresa e maravilhada como tudo parava quando o Brasil entrava em campo. Lembro-me do jogo contra os 'laranjinhas', como eu identificava a seleção da Holanda. Meus familiares estavam tensos; e eu não ousava brincar ou fazer barulho. Eu perguntava porque tanta seriedade. Meus pais explicavam: '— É jogo do Brasil, minha filha. É Copa do Mundo! Ajude a torcer, precisamos ganhar!'. E eu me sentia importante, útil. Comemorava os lances com atraso, só depois que todos gritavam, mas comemorava. E o gol de falta de Branco foi uma explosão de alegria e alívio. Havíamos sobrevivido a mais uma batalha.
Já na final contra a Itália, os nervos de todos na sala estavam a mil. Alguns desistiram de conferir as penalidades por medo do coração não aguentar mais emoções. Eu me escondi atrás do sofá e prendia a respiração a cada cobrança. Quando Baggio chutou para fora... Eu entendi o que era ganhar uma Copa do Mundo! Abraçamo-nos como se fosse Ano Novo. Gritamos e saímos para a rua, cumprimentando a todos que passavam. A cidade era tão pequena que vi um trator passando, carregando uma bandeira do Brasil, com o motorista acenando como celebridade.

Pelé, Romário e Ronaldo.

Gylmar, Djalma Santos, Brito, Márcio Santos e Roberto Carlos; Clodoaldo, Gérson e Didi; Garrincha, Pelé e Ronaldo.

Luiz Felipe Scolari. 99

Mônica Maeda Valentin, publicitária com MBA em Marketing e especialização internacional em Gerenciamento Esportivo; trabalha na área de Marketing do Comitê Paralímpico Brasileiro

228

66 Como torcedor, minha maior lembrança é, indiscutivelmente, a Copa de 58. Era uma seleção desacreditada — assim como a de 94 —, que vinha de um período de fracassos. Além da qualidade incontestável

dos jogadores, que estavam em plena juventude naquela conquista, a Seleção contava com uma comissão técnica pioneira e estruturada, com dentista e o preparador físico Paulo Amaral.
Foi esse time que apresentou ao mundo a qualidade do futebol brasileiro. A partir de 1958, houve uma legião de futebolistas, técnicos e administradores europeus que vieram ao Brasil conhecer o segredo do nosso milagre técnico. Cada brasileiro se transformou num vitorioso, e a frustração pela perda das Copas de 54 e, principalmente, de 50 desapareceu. Destaco o gol de Pelé na vitória por 1 x 0 contra o País de Gales, quando ele deu aquele chapéu no zagueiro, praticamente parado, sem sair do lugar. Nunca vi um lance desse! Ali, Pelé mostrou ao mundo quem era.

É injusto citar só três jogadores, escolho um por Copa: Pelé (58), Garrincha (62), Carlos Alberto (70), Romário (94) e Ronaldo (2002). Pelé não entra na minha seleção porque é hors-concours! Jogaria em qualquer posição, até no gol!

Marcos; Djalma Santos, Bellini, Zózimo e Nilton Santos; Zito, Mazinho e Rivellino; Jairzinho, Ronaldo e Romário.

Mário Lobo Zagallo. 99

Mustafá Contursi, presidente do Sindicato de Futebol

229

66 Frequentemente, eu uso uma imagem da Copa de 94 no ambiente corporativo. Numa empresa, o líder deve identificar o problema, chamar para si a responsabilidade e resolver. A imagem que me vem é de Romário levantando a mão insistentemente no meio de campo, pedindo a bola; ele recebe, parte para o ataque e nos leva à conquista da Copa após um jejum de 24 anos.
Um bom líder deve seguir o modelo do Baixinho.

Pelé, Romário e Ronaldo.

Gylmar; Cafu, Bellini, Roque Junior e Roberto Carlos; Clodoaldo e Gérson; Garrincha, Ronaldo, Pelé e Rivellino.

Mário Lobo Zagallo. 99

Newton Pizzotti, diretor executivo da Porto Seguro Seguro-Saúde

230

66 Foram muitas Copas trabalhadas e assistidas nestes 36 anos de carreira. Por estar presente, in loco, no campo, atrás do gol, o momento marcante para mim foi a falta cobrada por Branco no jogo contra a Holanda na Copa de 94, que resultou no gol da vitória do Brasil por 3 x 2. Ao lado do meu irmão e amigo, o inesquecível Ely Coimbra (já falecido), recordo-me, como se fosse hoje, dos gritos, pulos e abraços que demos, quebrando todas as regras da Fifa. O videoteipe do jogo mostra dois loucos vibrando atrás do gol, à esquerda de Van der Sar. Foi um momento para lá de importante em minha vida profissional.
Nos dias que antecederam ao grande jogo, eu, por ser o único dos três que dominava uma língua estrangeira (os outros dois eram Ely e Datena), fui escalado para cobrir a Holanda, acompanhar os treinos e a concentração. Ao lado do pequeno Marcelão, meu cinegrafista - 2,05 m e 140 kg -, enfrentamos o desprezo, a discriminação e a falta de respeito que os europeus de 'olhos azuis' destinavam a nós, brasileiros. Quase chegamos às vias de fato na concentração 'laranja', durante uma entrevista com Bergkamp. Portanto, a vitória no campo foi mais do que uma simples vitória, foi como um troco nos arrogantes jornalistas holandeses.

Tudo foi emocionante! Primeiro, porque estar no campo (dentro dele, literalmente) e ver o Brasil vencer um jogo de Copa do Mundo é para poucos. Segundo, porque eu estava ao lado de uma figura épica da reportagem esportiva, Ely Coimbra; como seu futuro substituto, vibrei demais por estar vivendo aquele momento que marcou minha vida. Pelé, Romário e Ronaldo.

Taffarel; Carlos Alberto, Mauro, Bellini e Nilton Santos; Clodoaldo, Gérson e Rivellino; Ronaldo, Pelé e Romário.

Mário Lobo Zagallo. 🙵🙵

Octávio Muniz, *narrador esportivo*

231

🙶🙶 *Eu estive em 14 Copas do Mundo e pude acompanhar e participar de histórias inesquecíveis e maravilhosas
Na Copa de 1958, na Suécia, haviam cinco gênios da bola - Nilton Santos, Zito, Didi, Pelé e Garrincha - e dois craques para cada posição. Fomos campeões com todos os méritos. Pelé só foi ao Mundial porque o chefe da Delegação, Dr. Paulo Machado de Carvalho, disse: '— Ele irá contundido mesmo, lá ele se recupera'. Ele estava certo.
Em 1962, no Chile, depois do primeiro jogo da Seleção contra o México, disseram a Mauro que ele sairia do time para a entrada de Bellini. Na Copa anterior, Bellini havia sido o titular e Mauro, o reserva. Mauro me disse: '— Volto hoje mesmo para o Brasil, guardei minha chance e vou manter a posição'. Falei que ele deveria conversar com Dr. Paulo e Aymoré Moreira. E deu certo. Ele foi mantido o titular. Também no Chile, em um dos treinamentos de campo, o preparador físico Paulo Amaral colocou uma barreira de atletismo para que os jogadores corressem e pulassem. Nilton Santos passava do lado da barreira. Paulo chamou a atenção, ao que Nilton Santos respondeu: '— Eu não vim aqui para um torneio de atletismo, vim para o Mundial de futebol'. Dr. Paulo viu a cena, aproximou-se de Paulo Amaral, abraçou-o e disse '—Bom treino. A gente pode encerrar agora, não é?'. E saiu abraçado com ele. Ele era um sábio.
A Copa de 70 foi marcante. Na abertura do Mundial, no jogo URSS x México, a torcida inteira com bandeiras do México, o que era normal. Quando voltei para assistir à final Brasil x Itália, notei com emoção que no estádio inteiro todas a bandeiras tinham as cores do Brasil. Os mexicanos tinham assumido a nossa Seleção.*

Nilton Santos, Pelé e Garrincha.

Gylmar; Djalma Santos, Bellini, Orlando e Nilton Santos; Zito e Didi; Garrincha, Vavá, Pelé e Zagallo.

Vicente Feola 🙵🙵

Orlando Duarte, *jornalista, comentarista de rádio e TV e escritor*

232

🙶🙶 *No Tetracampeonato, eu estava em Orlando e não consegui ver a prorrogação, de tão nervoso que fiquei. Depois, vi os pênaltis, e pensei que o Brasil não voltaria a vencer mais um Mundial. Vencemos aquele e depois mais outro, com mais um vice.*

Pelé, Garrincha e Ronaldo.

Marcos; Cafu, Bellini, Aldair e Nilton Santos; Clodoaldo, Gérson e Rivellino; Garrincha, Romário, Ronaldo e Pelé.

Luiz Felipe Scolari. 🙵🙵

Oscar Schmidt, *ex-jogador de basquete e palestrante; Campeão dos Jogos Pan-Americanos de Indianápolis, em 1987; o maior "cestinha" da história*

233

❝ O lance que mais me marcou foi o pênalti perdido por Roberto Baggio, que consagrou o Brasil Tetracampeão, na Copa de 94. Eu estava na Espanha junto com familiares, todos apoiando a Seleção. Foi uma alegria enorme, pela energia de estarmos na torcida pelo Brasil. Depois de tanto sofrimento, sentimos alívio e felicidade ao termos a chance de ver, pela primeira vez, o Brasil ser Campeão do Mundo.

Romário, Ronaldo e Marcos.

Marcos; Carlos Alberto, Aldair, Roque Júnior e Roberto Carlos; Zinho, Rivaldo e Rivellino; Pelé, Romário e Ronaldo.

Mário Lobo Zagallo. ❞

Oswaldo Guimarães, atleta de handebol do Esporte Clube Pinheiros e da Seleção Brasileira

234

❝ O que marcou para mim foi a Copa de 70. Eu tinha quase dez anos de idade, moleque de jogar umas peladas na rua mesmo; bons tempos! Adorava ver o camisa 7, Jairzinho, artilheiro da Copa, que marcou gol em todos os jogos. O gol que ele fez contra a Checoslováquia, depois de um chapéu fantástico num tal de Viktor, e fuzilando a rede...

Pelé, Romário e Ronaldo.

Gylmar; Carlos Alberto, Bellini, Cafu e Branco; Clodoaldo, Gérson e Rivellino; Romário, Ronaldo, Pelé.

Luiz Felipe Scolari. ❞

Oswaldo Romano Junior, CEO da Segurar.com

235

❝ Foi na Copa de 70. Eu estava no primeiro ano de Engenharia, estudando para uma prova de Química Orgânica na casa de um amigo. Lembro-me até do nome do professor da matéria, Celso Furtado.
Bem, estávamos estudando e assistindo ao jogo, é claro, Brasil x Uruguai. E foi justamente nesse dia que vi um dos lances mais bonitos do futebol: o drible da vaca de Pelé no goleiro Mazurkiewicz. Parecia uma jogada em câmera lenta; a bola indo caprichosamente para fora, passando ao lado do gol vazio.
O gol não aconteceu, e também não passei em Química Orgânica, mas esse lance fantástico ficou marcado na minha lembrança como um dos mais bonitos de todos os tempos.

Pelé, Didi e Ronaldo.

Gylmar; Carlos Alberto, Bellini, Piazza e Nilton Santos; Didi, Zagallo e Rivellino; Garrincha, Pelé e Ronaldo.

Luiz Felipe Scolari. ❞

Otávio Marques de Azevedo, engenheiro e presidente do Grupo Andrade Gutierrez

236

❝ Lembro-me bastante da Copa de 50. Eu era Cadete da Aeronáutica, e fomos convidados para desfilar em Montevidéu, num evento em comemoração aos 100 anos de nascimento do General Artigas, grande herói nacional. Foi logo após o Uruguai ganhar a final contra o Brasil por 2 x 1, em pleno Maracanã.
Por onde andávamos na capital uruguaia, o povo fazia sinal com os dedos, lembrando-

-nos do placar do jogo. Aquela derrota foi uma frustração geral; realmente, nos marcou muito, pois entregamos o campeonato no último momento.
Em 1958, eu já era aluno do ITA. A faixa etária era diferente, os colegas eram outros, e os trabalhos escolares ocupavam muito o meu tempo; portanto, não acompanhei tanto os jogos. Porém, quando o Brasil ganhou a Copa, foi uma sensação de consagração. Aquela vitória aumentou a autoestima das pessoas. Finalmente, o Brasil era um dos grandes do futebol mundial.

Pelé, Garrincha e Didi.

Gylmar; Djalma Santos, Bellini, Orlando e Nilton Santos; Zito e Didi; Garrincha, Vavá, Pelé e Zagallo.

Vicente Feola. 99

Ozires Silva, *reitor da Unimonte e ex-presidente da Embraer*

237

66 O gol de Bebeto no jogo contra a Holanda na Copa de 94. Como mãe e atleta, imagino que tenha sido o melhor gol dele na carreira. Foi emocionante vê-lo fazer um gol tão importante e dedicá-lo ao filho na comemoração.

Ronaldo, Romário e Rivaldo.

Marcos; Cafu, Bellini, Lúcio e Roberto Carlos; Didi, Rivaldo e Pelé; Garrincha, Romário e Ronaldo.

Luiz Felipe Scolari 99

Paula Pequeno, *jogadora de vôlei, Bicampeã Olímpica*

238

66 A primeira Copa que eu realmente assisti foi a de 1970. Dois lances me marcaram nesse Mundial, ambos na estreia da Seleção, contra a Checoslováquia. No gol de Petra, atacante checo, eu senti uma angústia terrível. Estávamos com a família toda reunida, eufóricos com a primeira transmissão ao vivo, e, logo de cara, um banho frio. Meu pai ficou desconsolado. Aí, vem aquela falta na entrada da área. Rivellino solta a canhota, a bola passa como um míssil pelo meio da barreira e empata o jogo. Comecei a entender a força inebriante desse esporte.
Em 1994, meu pai já não estava muito bem de saúde. Pela primeira vez, reunimos a família para assistir à Copa em meu apartamento, no Jardim Botânico, Rio de Janeiro. Meu primeiro filho tinha um ano e uns quebrados e gritava o tempo todo '— Brasil, Brasil!'. O lance mais marcante foi no jogo Brasil x Holanda, que, para mim, valeu essa Copa. Branco ajeita a bola com carinho do lado direito da área holandesa e desfere uma bomba, que entra no cantinho. Lembro-me nitidamente da genialidade de Romário, arqueando o corpo todo para não interferir na trajetória da bola. Faro de artilheiro até na hora de não atrapalhar o gol!
Em 2002, já havíamos nos mudado para São Paulo, então, foi a primeira Copa sem a família reunida. O lance mais emblemático aconteceu na semifinal contra Turquia. Jogo complicado, Brasil vencia por 1 x 0; Denílson pega a bola na ponta direita, invade a área, leva o primeiro marcador, conduz a bola para o lado da área para ganhar tempo, e quatro jogadores turcos correm alucinados para cima dele, tentando tomar-lhes a bola, sem sucesso. Que delícia!

Pelé, Garrincha, Romário e Ronaldo.

Taffarel; Djalma Santos, Aldair, Piazza e Nilton Santos; Didi, Pelé e Gérson; Jairzinho, Garrincha e Ronaldo.

Mário Lobo Zagallo. **"**

Paulo Ariosto, empresário

239

" O lance que mais me marcou foi o gol do Brasil contra a Inglaterra, na Copa de 70, marcado por Jairzinho. A história desse gol é protagonizada por alguns dos melhores jogadores que o mundo viu jogar. Tem Paulo Cesar Lima, Tostão, Pelé e o próprio Jairzinho. Foi o jogo mais difícil do Brasil na caminhada em busca do Tricampeonato, e jamais me esquecerei daquela jogada e do que ela resultou.

Pelé, Garrincha e Didi.

A minha Seleção Brasileira de todos os tempos não tem Pelé e Garrincha, pois os vejo como hors-concours.
Gylmar; Carlos Alberto, Bellini, Aldair e Nilton Santos; Gérson, Didi, Tostão e Rivellino; Jairzinho e Ronaldo.

Mário Lobo Zagallo. **"**

Paulo Cesar Vasconcellos, chefe de redação do SporTV e comentarista

240

" Assistir pessoalmente a uma Copa do Mundo é algo que marca você para sempre, ainda mais quando seu time ganha! Em 1994, eu morava com minha esposa, Cristina, em San Francisco, onde fazíamos uma pós-graduação. Foi um ano incrível: presenciamos o San Francisco 49ers ser campeão do SuperBowl, o Brasil se renovava com o Plano Real e a Copa seria nos EUA. O melhor era que nossa Seleção faria três jogos em Stanford, a 80 km de onde estávamos! Para completar, a Cristina ficou grávida da nossa primogênita Claudia! Só alegria!
No primeiro jogo, contra Rússia, o Brasil enfiou dois gols: Romário e Raí. No segundo, contra Camarões, foram três gols: Romário, Márcio Santos e Bebeto. Felicidade total, samba em Stanford!
Mas foi o terceiro jogo, contra os anfitriões Estados Unidos, no dia 4 de julho - dia da Independência Americana -, o mais marcante. O estádio de Stanford estava lotado de americanos e mexicanos, torcendo para os gringos como loucos! Cercado de torcida inimiga e enrolado na bandeira brasileira, ouvi piadinhas e impropérios o jogo todo. Como estava só, fiquei quietinho, receoso de tomar alguns sopapos.
A coisa piorou quando Leonardo deu uma cotovelada no rosto do Tab Ramos e foi expulso. Ficamos com um a menos; pensei, estamos ferrados... Foi quando a dupla de baixinhos resolveu jogar. Depois de enfiar uma bola na trave, o baixinho-mor Romário colocou o baixinho-sênior Bebeto na cara do gol aos 27 minutos do segundo tempo, e... GOOOOLLLL do Brasil!!
Estava exatamente atrás do gol do Tony Meola e, enquanto o Bebeto fazia uma declaração pública de amor ao Romário, eu esculachava os cucarachos e os gringos, subindo e descendo os degraus da arquibancada, comemorando, alucinado! Foram uns cinco minutos, tempo suficiente para descarregar meu nacionalismo represado pelo mergulho completo na cultura americana naquele ano. Uma catarse total!
Depois do jogo, fomos para a pequena e pacata Los Gatos, cidade vizinha na qual a Seleção havia se hospedado, para festejar com muita batucada e cerveja.

Pelé, Romário e Rivaldo.

Gylmar; Carlos Alberto, Bellini, Mauro e Junior; Clodoaldo, Gérson e Rivellino; Jairzinho, Pelé e Romário.

Mário Lobo Zagallo. 99

Paulo Elias Correa Dantas, Professor Doutor em Córnea e Doenças Externas do Departamento de Oftalmologia da Santa Casa de São Paulo e do Hospital Oftalmológico de Sorocaba e Secretário Geral para língua portuguesa da Pan-American Association of Ophthalmology

241

66 *Na Copa de 70, eu tinha 15 anos. Estávamos a caminho de casa, mas não conseguiríamos chegar a tempo de assistir à final contra a Itália. Então, fomos para a casa da minha avó, que morava na Mooca. Foi emocionante assistir ao jogo junto dela. O lance que mais me marcou foi o quarto gol do Brasil. Lembro-me perfeitamente do lance: Clodoaldo driblou quatro jogadores, passou para Rivellino, que tocou para Pelé, que lançou Carlos Alberto, que fez o gol. Fiquei mais feliz ainda, pois ganhei um bolão.*

Pelé, Dunga e Ronaldo.

Taffarel; Carlos Alberto, Bellini, Piazza e Roberto Carlos; Dunga, Gérson e Didi; Romário, Ronaldo e Pelé.

Carlos Alberto Parreira. 99

Paulo Garcia, sócio da Kalunga

242

66 *Didi carregando a bola até o meio de campo após o primeiro gol da Suécia na final de 1958. Naquele instante, ele conseguiu duas coisas: acalmar os companheiros, alguns deles (como Pelé) bastante jovens; e mostrar, principalmente para a equipe, que tinha consciência da superioridade brasileira.*

Didi, Pelé e Tostão.

Gylmar; Djalma Santos, Mauro, Bellini e Nilton Santos; Zito, Didi e Rivaldo; Garrincha, Pelé e Tostão.

Carlos Alberto Parreira. 99

Paulo Gaudencio, consultor de empresas, médico psiquiatra e fundador Instituto Paulo Gaudencio

243

66 *No meu caso, não foi um gol o lance mais emocionante, mas uma cabeçada perfeita de Pelé e uma defesa impressionante do goleiro da Inglaterra, Gordon Banks. Aquela defesa foi considerada a melhor de todos os tempos, desafiando as leis da gravidade. Ainda assim, o Brasil venceu a partida por 1 x 0, válidas pelas oitavas de final da Copa de 70.*

Pelé, Garrincha e Ronaldo.

Taffarel; Carlos Alberto, Bellini, Orlando e Roberto Carlos; Clodoaldo, Didi e Rivellino; Garrincha, Ronaldo e Pelé.

Luiz Felipe Scolari. 99

Paulo Martins, presidente da Black & Decker do Brasil

244

66 *As escolhas são, acima de tudo, baseadas no coração alviverde e no respeito*

às tradições. Todas as vezes em que o Brasil foi Campeão do Mundo tinha jogador do Palmeiras na Seleção. Assim, os momentos que mais me marcaram nas cinco Copas que o Brasil ganhou foram: o gol de Pelé, depois de dar um chapéu no zagueiro, na final de 58; os dois passos de Nilton Santos contra a Espanha em 62; o gol de Carlos Alberto Torres, o último da final de 70; a cara de Maradona comemorando o gol contra a Grécia na Copa de 94 - no jogo seguinte, contra a Nigéria, ele seria pego no doping; e a defesa de Marcos, aos 37 do segundo tempo, no chute de Bierhoff, na final contra a Alemanha em 2002.

Djalma Santos, Rivaldo e Marcos.

Marcos; Djalma Santos, Baldocchi, Roque Júnior. e Roberto Carlos; Mazinho, Zinho, Zequinha e Rivaldo; Mazzolla e Vavá.

Luiz Felipe Scolari. 99

Paulo Nobre, presidente do Palmeiras

245

66 Meu momento de maior emoção aconteceu nas oitavas de final da Copa de 94. Não esperávamos ter tanta dificuldade para derrotar os Estados Unidos. Havia uma grande festa no estádio por causa do feriado de Independência deles; e a torcida incentivava ainda mais os americanos. Tivemos a infeliz surpresa de perder Leonardo, expulso no final do primeiro tempo por causa daquela cotovelada em Tab Ramos. Para motivar o time quando estávamos no vestiário no intervalo do jogo, citei uma passagem da Bíblia que fala da batalha de Gideão contra os midianistas. Gideão havia reunido um exército de 32 mil homens, mas, por ordem de Deus, lutou com apenas 300 deles, e venceu 120 mil soldados inimigos.

A equipe teve outra postura no segundo tempo mesmo com um jogador a menos. Voltamos a campo com garra; Bebeto fez o gol e conseguimos uma vitória importantíssima.

Pelé, Romário e Ronaldo.

Taffarel; Carlos Alberto, Aldair, Roque Júnior e Roberto Carlos; Clodoaldo e Dunga; Pelé, Rivaldo, Romário e Ronaldo.

Carlos Alberto Parreira. 99

Paulo Sergio Silvestre Nascimento ★, Campeão pela Seleção Brasileira na Copa de 1994

246

66 Houve muitos lances fabulosos em todas as Copas do Mundo, mas a de 1970, que foi televisionada em cores pela primeira vez, é a que ficou marcada em minha memória de maneira contundente. A chave em que o Brasil estava era uma das mais difíceis, e o primeiro jogo foi com ninguém menos que a Checoslováquia, campeã da Europa. O Brasil perdia por 1 x 0. Corria o primeiro tempo, e nada de sair gol. Até que, aos 32 minutos, Pelé sofreu uma falta, e Rivellino bateu. O gol de empate fez o Brasil inteiro suspirar aliviado. Naquele momento, vibrei como se a Seleção tivesse ganhado a partida. E ganhou. Por 4 x 1.

Pelé, Romário e Ronaldo.

Gylmar; Carlos Alberto, Bellini, Márcio Santos e Nilton Santos; Zito, Gérson e Pelé; Garrincha, Romário, Ronaldo.

Luiz Felipe Scolari. 99

Paulo Skaf, presidente da Fiesp, do Ciesp, do Sesi-SP, do Senai-SP e do Instituto Roberto Simonsen

247

❝ O lance que mais me marcou foi o gol de Branco, nas quartas de final de 1994, contra a Holanda. Eu estava em casa com todos os meus familiares. O jogo, que parecia fácil – o Brasil havia aberto 2 x 0 –, ficou complicado com o empate da Holanda. Todo o lance foi especial; Branco cavou uma falta que não existiu, e depois, numa cobrança com efeito, a bola ainda passou por trás das costas de Romário e acabou indo direto para o gol.

Pelé, Garrincha e Romário.

Taffarel; Djalma Santos, Aldair, Márcio Santos e Roberto Carlos; Nilton Santos, Didi e Gérson; Pelé, Ronaldo e Rivellino.

Carlos Alberto Parreira. ❞

Paulo Vizaco, gerente de Canais da Kingston

248

❝ O lance que mais me marcou foi na semifinal da Copa do México, em 1970, contra a seleção do Uruguai. Clodoaldo, chegando de trás, recebe passe milimétrico de Tostão e empata o difícil jogo no final do primeiro tempo. Era o início da virada no placar, que terminou com a vitória brasileira por 3 x 1.

Pelé, Garrincha e Romário.

Gylmar; Carlos Alberto, Bellini, Piazza e Branco; Clodoaldo, Gérson e Tostão; Garrincha, Pelé e Romário.

Carlos Alberto Parreira. ❞

Pedro Jorge Filho, diretor-geral da Ultragaz

249

❝ O lance que mais me marcou foi o gol não feito por Pelé na semifinal da Copa de 70, jogo em que o Brasil bateu o Uruguai por 3 x 1. Pelé driblou o goleiro Mazurkiewicz sem utilizar as pernas – pena que a bola passou raspando a trave.
Esse lance tem o melhor da inteligência da Seleção de 70, pois começa com um passe genial e milimétrico de Tostão; Pelé, depois que dá o drible de corpo no goleiro, não chuta de forma aleatória. Por ter uma capacidade inigualável de enxergar o jogo, ele buscou tocar a bola no contrapé do zagueiro que chegava para cobrir o goleiro.
Eu estava na frente da TV, sozinho na sala e maravilhado por ser a primeira transmissão ao vivo da Copa do Mundo.

Pelé, Garrincha e Ronaldo.

Marcos; Carlos Alberto, Bellini, Lúcio e Branco; Clodoaldo, Gérson e Rivaldo; Ronaldo, Tostão e Pelé.

Luiz Felipe Scolari. ❞

Pedro Melo, presidente da KPMG

250

❝ Vários lances vêm à cabeça, mas acho que o gol de falta de Ronaldinho Gaúcho nas quartas de final contra a Inglaterra em 2002 é insuperável! Ele já tinha dado o passe para o primeiro gol e 'guardou' aquela falta na gaveta do goleiro inglês Seaman! Foi sinistro. Eu estava vendo em casa com minha família; foi inacreditável, não sabia o que fazer! Saí correndo, voltei para ver o replay e fui correndo de novo para sala! E, sim, ele queria

bater direto; não foi sorte, como muitos dizem.

Pelé, Romário e Ronaldo.

Marcos; Djalma Santos, Brito, Piazza e Nilton Santos; Gérson, Didi e Rivellino; Garrincha, Pelé e Romário.

Luiz Felipe Scolari. 99

Pedro Mesquita, diretor geral de esportes da Associação Atlética Acadêmica da ESPM

251

66 O lance que mais me marcou foi o pênalti de Roberto Baggio cobrado para fora no jogo da final, em 1994. Não pelo lance em si, que em qualquer jogo de várzea seria apenas um pênalti mal batido, e que faria o cobrador ser alvo de piadas pelo resto do jogo. Mas, simbolicamente, aquela bola 'ir para longe' representou muito.
O país já não ganhava nada há 24 anos, a Seleção se classificou com descrédito dos torcedores (assim como em 70), e o País havia perdido um grande ídolo um mês antes, Ayrton Senna. Definitivamente, aquela bola longe exorcizou todos esses fantasmas. Não foi uma Copa que jogamos bonito como em 58, 62 ou 70, porém serviu para resgatar o orgulho perdido (assim como 58 quebrou o complexo de vira-lata de 50) e para compensar os brasileiros da enorme perda ocorrida.
Eu estava em casa, morava em Fortaleza, CE, e só consegui comemorar de verdade horas depois, quando a adrenalina baixou e, finalmente, senti-me campeão do mundo.

Numerar só três fica bem difícil, mas, se esta é a regra, eu escolheria: Garrincha, Pelé e Ronaldo. Se fossem quatro, eu escalaria Romário! Bateu na trave!

Gylmar; Carlos Alberto, Aldair, Márcio Santos e Roberto Carlos; Clodoaldo, Gérson e Rivellino; Garrincha, Ronaldo e Pelé.

Vicente Feola. 99

Pedro Sotero de Albuquerque, advogado e diretor do Museu do Futebol

252

66 O momento que mais me emocionou foi quando demos a volta olímpica como campeões em 1958. Era a primeira vez na Europa para nós, jogadores da Seleção; a Suécia era um mundo encantado. Pela primeira vez, o Brasil era Campeão do Mundo! Incrivelmente, fomos aplaudidos de pé pela torcida sueca, depois de vencermos o time da casa por 5 x 2. Eles aplaudiram os campeões! Pegávamos na Taça como se fosse um talismã.

Pelé, Garrincha e Romário.

Gylmar; Carlos Alberto, Bellini, Aldair e Nilton Santos; Clodoaldo, Didi e Rivellino; Garrincha, Pelé e Vavá.

Aymoré Moreira. 99

Pepe, José Macia ⭐. Bicampeão pela Seleção Brasileira nas Copas de 1958 e 1962

253

Não sei nem como começar a descrever tudo o que eu, como atleta, vivenciei nas Copas do Mundo. Vale lembrar às gerações mais novas que participei de quatro Mundiais. Em cada um deles, foram diferentes emoções.

Em 1958, joguei minha primeira Copa, na Suécia. Eu era um jovem garoto de 17 anos que viajava pela primeira vez para a Europa. Tudo pareceu um sonho quando fomos Campeões. Na Copa de 1962, a emoção foi muito diferente. Eu me machuquei e não pude jogar a final, mas fomos Bicampeões.
Em 1966, na Inglaterra, foi o pior dos sentimentos porque, além de eu me machucar novamente, o Brasil foi eliminado na primeira fase da competição.
Entretanto, quatro anos depois, no México, Deus me deu o maior presente de minha vida: o Brasil foi Tricampeão e eu fui eleito o melhor jogador do torneio.
Até hoje, eu sou o único jogador a ganhar três Copas do Mundo na história da FIFA.

Pelé, Edson Arantes do Nascimento, Tricampeão com a Seleção Brasileira nas Copas de 1958, 1962 e 1970

254

Sem dúvida, o lance que mais me marcou foi o quarto gol do Brasil, de Carlos Alberto Torres, contra a Itália, na final da Copa de 70, no México. Carlos Alberto era a síntese do capitão numa equipe de futebol. Liderava pela postura e altivez sem precisar falar. Ficou eternizado pelo apelido Capita de tanto destaque que teve na função.
Em 1970, eu havia recém-chegado ao Rio de Janeiro, e toda a alegria e energia que os jogos da Seleção traziam para a cidade e o seu povo me marcaram profundamente e solidificaram em mim a certeza da minha opção por ser brasileiro.

Ronaldo, Garrincha e Pelé.

Gylmar; Carlos Alberto, Aldair, Bellini e Nilton Santos; Clodoaldo, Didi, Pelé e Rivellino; Garrincha e Ronaldo.

Mário Lobo Zagallo.

Peter Rodenbeck, CEO do Outback Steakhouse

255

Sou grato até hoje pela acolhida que tivemos da torcida mexicana em 1970. Desde a nossa chegada até o final da Copa, houve uma grande sintonia e empatia com os brasileiros. Eles tiveram a humildade de saber que não conseguiriam ir muito longe na competição, e logo adotaram nosso time. Fizeram com que nos sentíssemos até mais à vontade do que se estivéssemos jogando em nossa própria casa. Para eles, a seleção do coração era o México; a da razão, o Brasil. Quando terminou o jogo contra a Itália, foi emocionante ver aqueles torcedores invadindo o campo em busca de alguma peça que lembrasse a conquista. Um tumulto sem violência, de maneira civilizada. Eles comemoraram a façanha brasileira como se fosse deles. Aquilo mexeu muito comigo; mostrou a beleza do esporte, o quanto o futebol aproxima as pessoas. Foi uma lição de irmandade com a nossa Seleção. Fomos consagrados campeões com o aval do torcedor mexicano!

Garrincha, essencial para os títulos de 58 e 62. Pelé, a expressão maior do futebol; um garoto que estreou na Copa da Suécia com lances memoráveis. Jairzinho, o Furacão da Copa, fez gol em todos os jogos do Mundial de 70.

Gylmar; Djalma Santos, Bellini, Mauro e Nilton Santos; Zito, Didi e Gérson; Garrincha, Pelé e Jairzinho.

Mário Lobo Zagallo.

Piazza, Wilson da Silva, Campeão pela Seleção Brasileira na Copa de 70

256

❝ Posso falar de muitos lances, mas um dos mais antigos, sem dúvida, foi quando a Seleção Canarinho chegou a São Paulo, em 1962. Eu tinha de 8 para 9 anos. Os jogadores desfilaram em carro aberto do Corpo de Bombeiros com a Taça Jules Rimet; meu pai me levou para ver o cortejo passar na Avenida República do Líbano. Lembro-me bem de ver Pelé no alto do caminhão. Pirei, embora não entendesse muito bem do que se tratava.
Em 1970, o povo tomou conta da Rua Augusta. Foi a primeira festa nas ruas por causa do futebol; e eu, adolescente de 17 anos, vivi uma alforria como nunca antes em minha vida.
Em 2002, eu estava no Japão, do lado de fora do estádio onde vencemos a Alemanha, cobrindo para os canais ESPN. Foi emocionante vibrar ali com a torcida nipo-brasileira. Houve muita repressão da polícia japonesa a qualquer festejo do povo. Esse fato não foi divulgado na mídia brasileira, somente a festa dentro do estádio. Do lado de fora, muita repressão. Medo de atentado; afinal, era a primeira Copa depois do 11 de Setembro. Tristeza aliada à alegria do Pentacampeonato.

Pelé, Romário e Ronaldo.

Félix; Carlos Alberto, Brito, Piazza e Everaldo; Clodoaldo, Gérson e Rivellino; Jairzinho, Tostão e Pelé.

Zagallo herdou essa seleção de João Saldanha, portanto João Saldanha é o meu técnico, correto? ❞

Renata Falzoni, jornalista

257

❝ Brasil e Inglaterra, Copa de 70; Gordon Banks defende de forma extraordinária a cabeçada à queima-roupa de Pelé. Cruzamento da direita, Pelé cabeceia para o chão, próximo à segunda trave, e Banks espalma para escanteio. Um dos maiores goleiros de todos os tempos fazendo uma defesa milagrosa de um lance do maior jogador de todos os tempos. Uma cena inesquecível.

Pelé, Romário e Ronaldo.

Gylmar; Djalma Santos, Bellini, Orlando e Nilton Santos; Zito, Didi, Gérson e Rivellino; Pelé e Tostão.

Vicente Feola. ❞

Renato F. Scolamieri, consultor de marketing

258

❝ Na Copa de 70, eu tinha 18 anos e jogava basquete no Grêmio Náutico União de Porto Alegre-RS. Era a primeira Copa televisionada; fazíamos churrasco ao assistir às partidas juntos, cada vez na casa de um jogador do time.
Aquela Seleção Brasileira era maravilhosa. Destaco dois lances de Pelé: primeiro, aquele que ele tenta surpreender o goleiro da Checoslováquia, chuta do meio de campo, e a bola passa muito perto do gol; segundo, o drible de corpo em Mazurkiewicz, goleiro do Uruguai. Dois lances que não foram gol e são tão geniais!

A Copa de 94 também foi marcante por causa da minha participação como árbitro. Tudo o que envolveu minha preparação, desde os testes físicos até ser selecionado. O primeiro jogo que apitei foi Bélgica 1 x 0 Holanda, na fase de grupos. Depois, Arábia Saudita 1 x 3 Suécia, pelas oitavas de final.

A emoção de estar em uma Copa desaparece quando os hinos tocam. Toda aquela ansiedade de antes passa; você para de se deslumbrar e foca no jogo. Pensa que está apitando um jogo de futebol como outro qualquer, que tem de seguir o roteiro de sempre.

Pelé, Garrincha e Romário.

Gylmar; Djalma Santos, Aldair, Piazza e Nilton Santos; Clodoaldo, Gérson e Rivellino; Garrincha, Pelé e Romário – com Ronaldo entrando no segundo tempo no lugar de qualquer um dos três últimos.

Carlos Alberto Parreira. **99**

Renato Marsiglia, *ex-árbitro da Fifa; apitou jogos na Copa de 94; atualmente, é comentarista da TV Globo*

259

66 *O momento que mais me marcou nas cinco Copas conquistadas pelo Brasil foi o gol de Jairzinho contra a Inglaterra em 1970. Era o jogo mais temido (o English Team era o campeão do mundo); a partida estava duríssima. De repente, Pelé rola aquela bola para Jair emendar e vencer Gordon Banks (que tinha feito uma defesa milagrosa na cabeçada do Rei, no primeiro tempo). Eu estava em casa, sozinho, vendo o jogo numa pequena TV em preto e branco, trancado em meu quarto. Lembro-me de que fui para a janela gritar como um louco.*

Após o final da partida, fui para a praia de Ipanema, onde todos comemoravam alucinadamente cantando em coro: 'Ô Terezinha, ô Terezinha, a Seleção botou na bunda da Rainha!' Explicação: 'Ô Terezinha' era um dos bordões mais famosos de Abelardo Chacrinha, o mais popular apresentador de programas de auditório na TV naquela época.

Pelé, Romário e Ronaldo.

Taffarel; Carlos Alberto, Mauro, Aldair e Nilton Santos; Clodoaldo, Gérson e Pelé; Jairzinho, Romário e Ronaldo.

Mário Lobo Zagallo. **99**

Renato Mauricio Prado, *jornalista*

260

66 *Para mim, o lance inesquecível foi a cabeçada de Pelé e a defesa incrível do goleiro Banks, da Inglaterra, na Copa do Mundo de 1970, no México. Trata-se de uma jogada de pura rapidez e reflexo, que mostra a beleza e a plasticidade do futebol, um esporte apaixonante. Esse momento ficou marcado pela bela campanha de um time de craques.*

Pelé, Garrincha e Ronaldo.

Gylmar; Djalma Santos, Mauro, Orlando e Nilton Santos; Zito, Gérson e Rivellino; Garrincha, Pelé e Ronaldo.

Mário Lobo Zagallo. **99**

Renato Pera, *presidente da Federação Paulista de Voleibol*

261

❝ O gol de Branco, nas quartas de final da Copa de 94, contra a Holanda. O jogo estava empatado em 2 x 2. Branco sofreu uma falta, e bateu com a perna esquerda. Romário se desviou da bola, que entrou no gol. Vencemos por 3 x 2, e fomos para a semi.

Pelé, Garrincha e Ronaldo.

Taffarel; Cafu, Aldair, Márcio Santos e Branco; Dunga, Zagallo e Pelé; Garrincha, Bebeto e Ronaldo.

Luiz Felipe Scolari. ❞

Ricardo Almeida, estilista

262

❝ O fato mais marcante de todas as Copas foi protagonizado por Bellini, zagueiro da Sanjoanense, da pequena São João da Boa Vista, SP. Ele havia sido recusado pelo Botafogo de Ribeirão Preto; depois, revelado pelo Vasco, se tornou o capitão da Seleção Brasileira na Copa de 58.
Até essa Copa, os capitães recebiam as taças e as apresentavam ao público e aos fotógrafos seguradas pelas abas, à altura do peito. Com a vitória do Brasil, Bellini, ao receber a Taça Jules Rimet – dizem que instado pelos fotógrafos –, levantou-a acima da cabeça, segurando pela base. A partir de então, o gesto passou a ser feito na comemoração de títulos, inclusive em outros esportes.
Também a partir daí foi criada a expressão jornalística 'levantar a taça' como sinônima de 'ser campeão'. O gesto de Bellini está eternizado na estátua da esplanada em frente ao estádio do Maracanã.

Garrincha, Pelé e Didi.

Gylmar; Djalma Santos, Mauro, Orlando e Nilton Santos; Zito, Didi e Gérson; Garrincha, Pelé e Romário.

Luiz Felipe Scolari. ❞

Ricardo Assumpção, advogado

263

❝ Minhas experiências se restringem aos dois campeonatos que vivenciei: 1994 e 2002. O momento inesquecível foi o pênalti desperdiçado pelo jogador italiano Baggio, que decidiu o título de 94 para o Brasil. A disputa de pênaltis é o momento de maior tensão e emoção do futebol. O Brasil vivia um jejum de conquistas e não era campeão desde 1970. Embora minha ascendência seja italiana, no futebol sempre fui totalmente Brasil. Assisti ao jogo e sofri com minha família e alguns amigos em São Paulo. Logo depois, fomos comemorar o título na Avenida Paulista, pois naquela época eu residia a dois quarteirões do local onde os paulistanos adoram comemorar.

Pelé, Garrincha e Ronaldo.

Marcos; Carlos Alberto, Mauro, Bellini e Nilton Santos; Clodoaldo, Didi e Pelé; Garrincha, Ronaldo e Romário.

Luiz Felipe Scolari. ❞

Ricardo de Mello Franco, integrante do Conselho de Administração do Grupo Papaiz e diretor superintendente do Cicap, empresa do Grupo Papaiz

264

❝ Lembro-me bem do segundo gol de Ronaldo na final da Copa de 2002; a superação do Fenômeno e a aposta de Felipão na sua recuperação. Eu estava em Caraguatatuba-SP, na casa de um amigo, com muita gente torcendo, acima de tudo, por uma vitória convincente. E foi o que aconteceu. Depois, foi só festa na Avenida da Praia.

Pelé, Romário e Garrincha.

Gylmar, Carlos Alberto, Mauro, Bellini e Nilton Santos; Zito, Didi e Pelé; Garrincha, Romário e Ronaldo.

Luiz Felipe Scolari. ❞

Ricardo Mazzei, narrador da Rádio Caraguá FM

265

❝ Eu tinha 8 anos e assistia ao jogo do Brasil contra o Uruguai, na Copa de 70, com meus pais e minha irmã. Meu pai, acalorado com a partida, subia na mesa de jantar e gritava como um louco, reclamando da Seleção. Parecia que as coisas iam desabar. De repente, Rivellino pega a bola e dribla quatro ou cinco jogadores uruguaios como um mágico. Foi um momento marcante. Não sei se meu pai parou de gritar e reclamar, mas a lembrança que ficou é que, a partir daí, o jogo começou a virar.

Pelé, Pelé e Pelé.

Gylmar; Djalma Santos, Mauro, Piazza e Nilton Santos; Clodoaldo, Gérson e Rivellino; Pelé, Ronaldo e Romário.

Luiz Felipe Scolari. ❞

Ricardo Pomeranz, Chefe Global Digital da Rapp Worldwide

266

❝ Sempre torci muito por nossa Seleção. Assisti ao Brasil jogar em todas as Copas desde a edição de 1958, na Suécia. Meu lance inesquecível não foi um drible fantástico, um gol sensacional ou uma defesa memorável, coisas comuns à Seleção Canarinho. O que me impressionou mesmo foram os cinco 'gols feitos' que Pelé perdeu em diferentes jogos do Mundial de 70, a Copa que mais me marcou. Como sofri... E mesmo o Brasil ganhando o título, depois que nosso capitão Carlos Alberto Torres marcou um dos gols mais bonitos da história do futebol: numa série de passes, na qual dez jogadores do Brasil tocaram na bola; Torres recebeu de Pelé e fechou a goleada de 4 x 1 contra a temida Itália.
Pelé foi eleito, pela Fifa, o melhor jogador da Copa!

Pelé, Garrincha e Romário.

Gylmar; Djalma Santos, Brito, Piazza e Nilton Santos; Clodoaldo, Didi e Rivellino; Garrincha, Tostão e Pelé.

Mário Lobo Zagallo. ❞

Ricardo Viveiros, jornalista e escritor

267

❝ Eu tinha 13 anos quando o Brasil conquistou o Pentacampeonato em 2002. Era um moleque apaixonado por futebol – ainda sou até hoje! – e passava as madrugadas vendo as partidas. Quando acordava, saía para jogar bola e tentar reproduzir as jogadas da Seleção. Queria bater faltas com a força de Roberto Carlos e a precisão de Ronaldinho Gaúcho; fazer gols como Ronaldo; defender como Lúcio. Eu era muito fã também de Rivaldo, um dos jogadores mais fundamentais do time, que atacava bem, dava assistências e logo voltava para marcar.

Não me esqueço do que senti quando o Brasil ganhou da Alemanha e vi Cafu levantar a Taça de campeão. Adorei a homenagem que ele fez, ao escrever '100% Jardim Irene' na camisa. Com aquele gesto, ele estava representando nossa comunidade, o Capão Redondo. Foi tão emocionante que resolvi imitá-lo. Escrevi '100% MQ'A' – nome do meu grupo de samba na época, o Mais Q' Amigos – numa camiseta, e a usei por baixo da camisa do meu time de várzea na pelada seguinte após a Copa. Passei o jogo todo na expectativa de fazer um gol e comemorar mostrando a camiseta para a torcida. Meu gol não saiu, mas a camiseta nos trouxe sorte e ganhamos aquele jogo.

Pelé foi o Rei, não conta. Escolho, então, Ronaldo, Taffarel e Garrincha.

Taffarel; Cafu, Lúcio, Roque Júnior e Roberto Carlos; Dunga, Kaká e Rivaldo; Ronaldinho Gaúcho, Ronaldo e Pelé.

Mário Lobo Zagallo (ou 'Zé Galo', como meu saudoso pai costumava chamá-lo). 99

Rick Rocha, pagodeiro do grupo Sambadaê

268

66 O futebol sempre esteve presente na nossa família. Meu pai jogou profissionalmente em três times paulistas - São Caetano, Ponte Preta e Noroeste -, e meu irmão mais velho quase se profissionalizou também. Apaixonado pelo esporte, passou essa paixão para os outros seis irmãos. Em 1970, eu tinha oito anos e já adorava futebol. E foi na Copa do México que tive meu primeiro contato com a Seleção. A transmissão ao vivo pela televisão era uma novidade, e ter a oportunidade de ver o Brasil jogar 'em tempo real' deslumbrou a todos nós. No primeiro jogo, contra a Checoslováquia, a Seleção sofreu um gol nos primeiros minutos. Como eu não tinha noção da qualidade do futebol brasileiro no contexto mundial, imaginava que não faríamos um bom papel no torneio. Entretanto, quando Rivellino empatou, e depois vencemos por 4 x 1, fiquei entusiasmado e passei a acompanhar tudo sobre a Copa em jornais e programas esportivos de rádio e televisão.

Eu tinha uma relação muito forte com meu irmão Zinho, aquele que quase fora profissional. Durante a Copa, ele participou de um bolão dentro da empresa, e eu o ajudei nos palpites. Apostamos que o Brasil ganharia do Uruguai por 3 x 1. E era esse o placar do jogo quando Pelé deu o genial drible de corpo no goleiro Mazurkiewicz. Meu irmão e eu tiramos aquela bola de dentro do gol com os olhos. Uma verdadeira heresia!

Resultado: meu irmão ganhou sozinho o bolão, e eu recebi como recompensa uma bola de capotão oficial número 5. Quem é da época sabe o que significava ter uma bola dessa. Era o melhor presente que um menino poderia ganhar!

Pelé, Garrincha e Rivaldo.

Taffarel; Djalma Santos, Lúcio, Márcio Santos e Nilton Santos; Zito, Didi e Rivellino; Garrincha, Romário e Pelé.

Vicente Feola. 99

Rinaldo José Martorelli, ex-atleta profissional de futebol e presidente do Sindicato de Atletas Profissionais do Estado de São Paulo

269

" O gol de falta de Branco, nas quartas de final contra a Holanda, em 94. Sou de uma geração que passou a infância vendo o Brasil ser uma grande Seleção e, mesmo assim, perder. Lembro-me de que um jornal de Minas Gerais trouxe uma matéria com videntes, que afirmavam que o Brasil não passaria pela Holanda. Quando eles empataram em 2 x 2, pensei na matéria e nas frustrações anteriores. Daí, veio a bomba de Branco, Romário saindo da bola, e ela estufando a rede. Vencemos por 3 x 2. Foi um alívio! Ali ficou claro que o Brasil ganharia a Copa. Romário disse depois em entrevista que saiu da bola por medo mesmo.

Pelé, Garrincha e Romário.

Gylmar; Carlos Alberto, Bellini, Mauro e Nilton Santos; Didi, Gérson e Pelé; Garrincha, Romário e Ronaldo.

Luiz Felipe Scolari. "

Rivelle Nunes, jornalista

270

" Em 1970, vivíamos um momento político muito especial. A DPZ, fundada em 1968, estava numa situação complicada. Muitas empresas pediam concordata, haviam problemas políticos na produção cultural; a propaganda era intensa, mas não bastava apenas ser criativo.
Por isso, eu olhava para a Copa de 70 com certo ceticismo. Mas, quando o campeonato começou, era impossível ficar alheio às magistrais atuações daquela Seleção. Ainda tenho na memória toda a escalação. A gente reunia toda a equipe na DPZ, fazia pipoca e se divertia muito. Nossas famílias iam para lá também, e todos assistíamos com grande entusiasmo aos jogos, pois era, de fato, algo para parar o Brasil. A cada etapa, um encantamento.
Um lance, contudo, foi o mais plástico e relevante daquela Copa: a genialidade de Pelé, que dá o drible da vaca no goleiro Mazurkiewicz e chuta no cantinho. A bola vai, vai, vai... E, por centímetros, passa fora do gol. Foi de arrepiar. O maior lance que vi e que me marcou em Copa do Mundo.

Pelé, Garrincha e Ronaldo.

Gylmar; Carlos Alberto, Djalma Santos, Piazza e Nilton Santos; Clodoaldo, Tostão e Rivellino; Garrincha, Ronaldo e Pelé.

Luiz Felipe Scolari. "

Roberto Duailibi, publicitário, sócio-fundador da DPZ

271

" Não esqueço as palavras que Zagallo me disse antes de eu entrar no jogo contra a Inglaterra: '— Pegue a bola e faça o que você está acostumado a fazer no Botafogo!'. E eu fui lá e fiz o que ele me pediu.
Foi minha estreia na competição; o objetivo era prender a bola, para passar o tempo e ajudar a garantir a vitória. A Inglaterra era uma das favoritas naquela Copa, e ganhávamos pelo placar apertado de 1 x 0. Foi um de nossos jogos mais difíceis. Quando a partida acabou, Zagallo me agradeceu. Fiquei muito emocionado.
Ganhar uma Copa do Mundo é o máximo que um jogador de futebol pode almejar na carreira. Eu alcancei o topo. Ao conquistar a Taça, fiquei fora do ar. Foi uma alegria imensa.

Escolho três companheiros que foram muito importantes para o tricampeonato: Jairzinho, que fez gol em todos os jogos; Gérson, nosso maestro, o cérebro do time; e Pelé, jogador pelo qual os adversários tinham muito respeito.

Félix; Carlos Alberto, Brito, Piazza e Everaldo; Clodoaldo, Gérson e Rivellino; Jairzinho, Tostão e Pelé.

Mário Lobo Zagallo. 99

Roberto Miranda ⭐, *Campeão pela Seleção Brasileira na Copa de 1970*

272

66 *Nunca fotografei uma derrota da Seleção Brasileira, seja em amistosos ou torneios oficiais. Quando penso nas Copas que ganhamos, lembro-me de uma foto que fiz durante a comemoração do título de 2002. Eu estava do outro lado do campo quando vi Ronaldo se enrolar na bandeira do Brasil e abrir os braços como o Cristo Redentor. Acho que só eu fiz essa foto, que acabou sendo capa do Jornal da Tarde, com a manchete 'Super Penta'. Ela representou a redenção de Ronaldo e do futebol brasileiro, que chegaram tão desacreditados àquela Copa. Ronaldo, recuperando-se da segunda cirurgia nos joelhos, enquanto todos pediam Romário na Seleção. Ronaldo foi o nosso o 'Salvador', o nosso 'Jesus Cristo'. Ele nos deu aquela Copa, assim como Romário, em 1994.*

Pelé, Ronaldo e Marcos.

Marcos; Cafu, Bellini, Brito e Nilton Santos; Rivellino, Ronaldinho Gaúcho e Tostão; Garrincha, Pelé e Ronaldo.

Luiz Felipe Scolari. 99

Robson Fernandjes, *repórter-fotográfico do Grupo Estado; cobriu a Copa de 2002*

273

66 *As Copas que mais me marcaram foram as três primeiras que o Brasil ganhou. Ouvi a de 58 pelo rádio. Eu tinha 13 anos e foi maravilhoso quando o Brasil foi campeão pela primeira vez. Era um domingo de manhã, estava um céu de brigadeiro, cheio de balões.*
Em 1962, eu ouvia as partidas pelo rádio e depois assistia aos lances em videoteipe na televisão.
Os jogos da Copa de 70 foram transmitidos ao vivo pela televisão. E o lance mais sensacional de toda a história das Copas aconteceu naquele ano: o drible da vaca de Pelé no goleiro uruguaio Mazurkiewicz. A jogada é maravilhosa justamente porque a bola foi para fora. Talvez, se ela entrasse no gol, não teria marcado tanto.

Pelé, Garrincha e Gérson.

Gylmar; Djalma Santos, Mauro, Bellini e Nilton Santos; Clodoaldo, Didi e Pelé; Garrincha, Amarildo e Vavá.

Aymoré Moreira 99

Rodolfo Cetertick, *presidente do Clube Atlético Juventus*

274

66 *São duas as Copas especialmente vivas em minha memória. Por incrível que pareça, a primeira delas é a de 58. Lembro-me como se fosse ontem. Era 1988, eu tinha 13 anos, e passou um Globo Repórter em comemoração aos 30 anos da conquista do primeiro título da Seleção Brasileira. Na época, eu achava que seria jogador de futebol; até*

cheguei a fazer um teste no Flamengo. Aquela reportagem me pegou de jeito; Pelé, aos 17 anos, aquela camisa azul da final contra a Suécia, remetendo ao 'manto de Nossa Senhora'. Apaixonei-me por aqueles jogadores sem nunca tê-los visto jogar. Já em 1994, vi pela primeira vez o Brasil ganhar uma Copa. Eu tinha 17, 18 anos e comecei uma mania que dura até hoje: só vejo jogo da Seleção Brasileira em Copas sozinho e sempre usando a mesma camisa. Todas as vezes que abri exceções, o Brasil perdeu!
O pior é que trabalharei na cobertura da Copa de 2014 e estarei acompanhado durante as partidas. Acho que o Brasil não vai ganhar!

Pelé, Garrincha e Romário.

Marcos; Carlos Alberto, Aldair, Bellini e Branco; Clodoaldo e Dunga; Pelé, Didi, Gérson e Romário.

Mário Lobo Zagallo. 🙶

Rodrigo Rodrigues, músico, jornalista e apresentador da ESPN Brasil

275

🙸 O quarto gol do Brasil contra a Itália, em 70; aquele em que Pelé faz um passe para ninguém (aparentemente, no vídeo), e Carlos Alberto Torres aparece e chuta no gol de primeira. Eu tinha 13 anos e havia apostado em 3 x 1 num bolão, mas ali perdi o dinheiro. Mesmo assim, estávamos ganhando a Copa. Foi a primeira que vimos ao vivo pela TV e a que mais torci.

Pelé, Romário e Ronaldo.

Gylmar; Carlos Alberto, Bellini, Zózimo e Nilton Santos; Clodoaldo, Gérson e Rivellino; Garrincha, Vavá e Pelé.

Mário Lobo Zagallo. 🙶

Roger Rocha Moreira, guitarrista e compositor do Ultraje a Rigor

276

🙸 Foi um orgulho vestir a camisa da Seleção e dar o título de Tetracampeão ao Brasil. O País não ganhava uma Copa desde 1970; estávamos pressionados, e a conquista ocorreu de maneira dramática, nos pênaltis. Quando o juiz apitou e Baggio chutou o pênalti por cima do gol, foi uma sensação de dever cumprido. Um alívio para todos nós. Eu já tinha dois títulos de Campeão Mundial Interclubes com o São Paulo. Ganhar a Copa com a Seleção Brasileira era a conquista profissional que faltava. E também um sonho de infância realizado, pois ver o Brasil ser eliminado na Copa de 82 foi uma grande tristeza para mim. Eu tinha 16 anos na época e estava começando no futebol. Aquele era um time fantástico.

Garrincha, Pelé e Ronaldo.

Comecei a viver o futebol a partir da Copa de 82, e seria uma injustiça não escalar jogadores que não vi jogar, como os da seleção de 70. Mas escolho Mário Lobo Zagallo como o maior de todos os técnicos. 🙶

Ronaldão, Ronaldo Rodrigues de Jesus ⭐, Campeão pela Seleção Brasileira na Copa de 1994

277

" Lançamento longo e alto feito por Gérson, do meio de campo; Pelé, na corrida, pela direita, na entrada da área, sobe, mata no peito e deixa a bola escorrer para o chão; quando ela cai, o tempo para, ele troca de pé e chuta com a direita para fazer o gol. Foi o segundo do Brasil nos 4 x 1 contra a Checoslováquia, no primeiro jogo da Copa de 70, no México.

Garrincha, Ronaldo e Romário. Pelé não está na relação porque é do outro mundo! A história não registra até hoje a existência de alguém igual a ele, seria injusto colocá-lo numa relação dentre os simples mortais.

Gylmar; Carlos Alberto, Bellini, Orlando e Nilton Santos; Zito, Didi e Gérson; Garrincha, Ronaldo e Romário.

Mário Lobo Zagallo. "

Rubens Lopes, presidente da Federação de Futebol do Estado do Rio de Janeiro – FERJ

278

" O lance que me vem com frequência à memória é o quarto gol do Brasil na final contra a Itália na Copa de 70. Os dois times estavam disputando a posse definitiva da Taça Jules Rimet. A seleção italiana continuava lutando mesmo perdendo por 3 x 1. Até que veio o gol de Carlos Alberto, com passe de Pelé. Foi a consolidação da vitória, o lance que decidiu o jogo. Fez com que os italianos reconhecessem a superioridade do Brasil.
Lembro-me de que, na época, me encantei com a construção do gol, mas só depois de anos entendi toda a sua estratégia tática e técnica. Um gol com a cara e a raça daquela Seleção.

Pelé, Garrincha e Orlando Peçanha. E não posso deixar de citar a importância de Zagallo, que esteve presente em quatro das cinco conquistas da Seleção Brasileira.

Gylmar; Carlos Alberto, Brito, Orlando e Nilton Santos; Gérson, Didi e Rivellino; Garrincha, Pelé e Tostão (com Zico escondido dentro da camisa de Tostão).

Mário Lobo Zagallo. "

Rubens Viana da Silva, primeiro-secretário da Associação Brasileira de Treinadores de Futebol

279

" Foi na Copa de 70, semifinal entre Brasil e Uruguai, no dia 17 de junho, em Guadalajara, México. Nessa partida, houve lances inesquecíveis, envolvendo Pelé e o goleiro Mazurkiewicz. O mais incrível deles: um drible de Pelé, sem bola, sobre o goleiro; a bola seguiu em direção ao gol uruguaio, e Pelé dá um toque em direção às redes. O zagueiro Ancheta, desesperado, tenta tirar a bola, que passa por trás dele, mas infelizmente sai rente à trave direita. Seria um gol fantástico!

Garrincha, Pelé e Didi.

Gylmar; Carlos Alberto, Bellini, Mauro e Nilton Santos; Zito, Didi e Pelé; Garrincha, Tostão e Ronaldo.

Vicente Feola. "

Salim Burihan, jornalista

280

" O que me marcou nas Copas — além do soco no ar após cada gol de Pelé, sua marca registrada — foram os dribles de Garrincha antes do passe para o gol de cabeça de Amarildo contra a Espanha, em 1962. Impossível deixar de lembrar e relembrar a mágica daquele momento: ele arranca para um lado, deixando a bola no lugar, atraindo o marcador — como faz o mágico que chama nossa atenção para o rosto dele, mas o truque está nas mãos —, para em seguida voltar rapidinho e fazer a finta... Coisa de gênio!

Pelé, Garrincha e Gylmar.

Gylmar; Cafu, Márcio Santos, Nilton Santos e Roberto Carlos; Clodoaldo, Gérson e Rivellino; Garrincha, Pelé e Tostão.

técnico: Mário Lobo Zagallo. "

Saul Faingaus Bekin, diretor da Bekin Consultoria, Marketing & Endomarketing

281

" Eu tinha dez anos em 1970 e me lembro, como se fosse hoje, do céu cheio de balões por causa da Copa. Era perto do São João e, naquela época, as pessoas soltavam muito mais balões do que fogos de artifícios. Eram de vários formatos: bolas de futebol, mexericas, imitações do Maracanã. Alguns estampavam fotos de jogadores, a bandeira do Brasil, a escalação da Seleção. Eram tantos balões que não sei como eles não se batiam e pegavam fogo.
Na final contra a Itália, estava um dia particularmente lindo. O céu azul, azul, todo forrado de balões. Na minha casa, só tinha uma televisão pequena, ainda em preto e branco. O colorido dos jogos ficava por conta dos balões no céu. É uma das memórias mais emocionantes da minha infância.

Rivellino, Ronaldo e Pelé.

Taffarel; Carlos Alberto, Bellini, Aldair e Everaldo; Clodoaldo, Rivellino e Pelé; Ronaldinho Gaúcho, Jairzinho e Ronaldo.

Carlos Alberto Parreira. "

Sebastião Daidone Neto, empresário, administrador da Fábrica de Bares

282

" A Copa de 70 foi realmente uma conquista espetacular. Aquela Seleção foi a melhor de todos os tempos. Um lance que me marcou muito foi a cabeçada de Pelé com a defesa de Gordon Banks no jogo contra a Inglaterra. Depois do cruzamento de Jairzinho, pela direita, Pelé cabeceia, e Banks tira a bola de baixo para cima, quase na linha do gol. Uma defesa incrível!

Pelé, Zito e Gérson.

Gylmar; Cafu, Bellini, Orlando e Roberto Carlos; Clodoaldo, Didi e Pelé; Garrincha, Romário e Ronaldo.

Luiz Felipe Scolari. "

Serginho Chulapa, ex-atacante do Santos Futebol Clube, do São Paulo Futebol Clube e da Seleção Brasileira; jogou a Copa de 82

283

" Foi na Copa de 58. Eu tinha sete anos de idade e estava no Ipe Clube ouvindo a transmissão do jogo pelo rádio, que, talvez devido à distância, não estava nítida. Ouvimos o locutor gritar gol, e todos nós comemoramos pensando ser do Brasil. Em seguida, veio a decepção: era da Suécia. Ficamos tristes. Criança que era, eu quase chorei.
A sorte, no entanto, estava do nosso lado; logo foi anunciado um gol do Brasil, que veio acompanhado de vários outros. O final todos sabem: Brasil 5 x 2 Suécia. E muita comemoração, com muito guaraná!

Pelé, Garrincha e Ronaldo.

Gylmar; Carlos Alberto, Mauro, Lúcio e Roberto Carlos; Clodoaldo, Zito e Gérson; Garrincha, Ronaldo e Pelé.

Luiz Felipe Scolari. "

Sergio Aguiar, Desembargador do Tribunal de Justiça de São Paulo

284

" O Brasil foi Penta, e nós quase não vimos! A Associação Brasileira das Empresas de Eventos havia marcado um de seus Encontros de Dirigentes no final de junho de 2002, em Angra dos Reis-RJ. O encerramento aconteceu no dia 30: final da Copa do Mundo. O adversário: a terrível Alemanha.
Reunidos no salão de festas do hotel, havia cerca de 100 hóspedes. O jogo começou tenso. O Brasil perdendo gols, a trave carimbada por Kléberson, e o primeiro tempo terminou 0 x 0... O segundo iniciou com a Alemanha pressionando, e Marcos fazendo uma sensacional defesa. De repente, dos pés de Rivaldo, passando pelas mãos de Oliver Kahn, sai o gol de Ronaldo. Ufa! Dez minutos se passaram até que Kléberson lançasse a bola para Rivaldo que, numa deixadinha magistral, colocou a redonda nos pés de Ronaldo: 2 x 0.
Éramos um bando de loucos pulando, gritando, chorando. E... A televisão saiu do ar! Desespero. Ainda faltavam 10 minutos, e tudo podia acontecer. Agonia. Juarez chorava. Dylmar, responsável pelo hotel, se viu louco. Ele abriu desesperado a caixa de passagem da fiação para tentar descobrir quais os fios com problema. Muitos correram para seus quartos atrás de uma TV. A maioria rezava no salão. Rezava pelo Brasil, rezava por Dylmar. O tempo passava....
Segundos antes de o juiz italiano dar o apito final, o sinal voltou. E pudemos chorar de alegria com o grito que estava engasgado na garganta desde a Copa da França: '— Somos Penta!'.

Gérson, Ronaldo e Pelé.

Gylmar; Djalma Santos, Mauro, Márcio Santos e Nilton Santos; Gérson, Didi e Garrincha; Tostão, Ronaldo e Pelé.

Luiz Felipe Scolari. "

Sergio Junqueira Arantes, jornalista, publisher da Revista e do Portal Eventos, e titular da Academia Brasileira de Eventos e Turismo

285

" O que mais me marcou foi o chute para fora de Baggio, em 1994, na Copa dos Estados Unidos. Lembro-me da sensação que tive de surpresa misturada com pena do craque rival. Ele era o melhor jogador da Itália e teria sido escolhido o melhor da Copa se fosse campeão. Ele permaneceu atônito após isolar

a bola. Essa cena me marcou tanto que colei a foto da jogada no meu bar.
Não jogamos nosso melhor futebol, mas aquela conquista talvez tenha sido a mais emocionante. Havíamos perdido um ídolo nacional pouco tempo antes, Ayrton Senna, e já estávamos 24 anos sem levantar a Taça. Brasil e Itália entraram naquela partida como Tricampeões, e só um sairia do Rose Bowl com o Tetra. Aquela final foi extremamente emocionante, um roteiro perfeito. Lembro-me de que assisti ao jogo com toda a família e que se iniciou um foguetório incrível logo após o chute para fora de Baggio.

Pelé, Garrincha e Romário.

Taffarel; Carlos Alberto, Bellini, Mauro e Nilton Santos; Didi, Rivellino e Pelé; Garrincha, Ronaldo e Romário.

Mário Lobo Zagallo. ❞

Sergio Pugliese, jornalista

286

❝ A Copa de 70 marcou bastante; foi a primeira transmissão ao vivo pela TV. Naquela época, eu morava num conjunto residencial da Rede Ferroviária Federal e somente um morador tinha TV. Era lá que nos reuníamos para assistir aos jogos; tinha gente em todos os lados da casa.
A final entre Brasil e Itália marcou demais. Que Seleção fantástica! Após um primeiro tempo tenso, com o juiz terminando o jogo sem deixar Pelé desempatar, veio um segundo tempo fabuloso. Destaco o segundo gol do Brasil pelo Canhotinha de Ouro, Gérson. Que explosão de alegria! Foi uma coisa indescritível, sensacional. Após os 2 x 1, ainda comemoraríamos o passeio que o Brasil daria na Itália.

Pelé, Gérson e Rivellino.

Marcos; Carlos Alberto, Aldair, Márcio Santos e Branco; Clodoaldo, Gérson e Rivellino; Tostão, Pelé e Ronaldo.

Mário Lobo Zagallo. ❞

Silas Camargo, diretor comercial

287

❝ Na Copa da Suécia, em 1958, o lance em que Pelé dá um chapéu no zagueiro, mata a bola no peito e faz o gol, na vitória de 1 x 0 contra o País de Gales.

Pelé, Amarildo e Rivaldo.

Gylmar; Cafu, Brito, Mauro e Nilton Santos; Gérson, Clodoaldo e Rivellino; Garrincha, Pelé e Ronaldo.

Mário Lobo Zagallo. ❞

Silvio Luiz, jornalista esportivo

288

❝ Ter a felicidade de assistir e comemorar às vitórias do Brasil em cinco Copas do Mundo, em épocas tão distintas do País e da minha vida, é uma grande emoção e um privilégio único. Muito difícil é apontar um só momento mágico entre tantos que vivi.
Terá sido o gol de Pelé de cabeça, no último minuto da final contra a Suécia, na Copa de 58? Eu estava no colo do meu querido pai, aos 5 anos de idade, ouvindo a narração de Geraldo José de Almeida, que dizia:
'— Obrigado. Somos os Campeões do Mundo'.

Inesquecível também foi a virada contra a Espanha, em 62, com dois gols de Amarildo. Eu era um desesperado menino de 9 anos, andando sem parar pela casa, fazendo promessas para que tudo mudasse.

A Copa de 70 trouxe emoção desde a preparação. Impossível esquecer o que foi estar no Estádio do Morumbi ao lado de 100 mil pessoas, pedindo a entrada de Tostão e Rivellino no time, ao lado de Pelé e Gérson. O técnico considerava aquilo inviável. E, durante a mesma Copa, quantos momentos inesquecíveis... Os gols que Pelé não fez, mas que ficarão marcados por toda a vida: a cabeçada para a defesa de Banks (talvez, a mais linda que vi) contra a Inglaterra; o drible de corpo em Mazurkiewicz contra o Uruguai; o chute do meio de campo contra a Checoslováquia. Finalmente, veio a vitória contra a poderosa Itália na final.

Se da Copa de 94, apesar da alegria, não vem recordação tão especial, a de 2002 me deu a chance de repetir com meu filho, 44 anos depois, a cena da comemoração que descrevi com meu pai, na Copa de 58. Que felicidade!

Pelé, Garrincha e Ronaldo.

Gylmar; Carlos Alberto, Mauro, Bellini e Nilton Santos; Gérson, Didi e Rivellino; Garrincha, Tostão e Pelé.

Vicente Feola. **"**

Simão Lottenberg, *médico endocrinologista da Faculdade de Medicina da USP e do Hospital Albert Einstein*

289

" *O grande lance para mim foi a perda do pênalti por Roberto Baggio na final da Copa de 94. Era um dia de sol, e eu assistia ao jogo de uma maneira inusitada; estava em casa só com minha filha Íris, então com 8 anos e pouco. A cada lance, eu explicava a ela um pouco as coisas, e ela parecia se interessar, eu acho. Acho também que o real interesse dela era que o jogo acabasse logo, pois eu havia feito uma promessa: iríamos ao Playcenter depois do fim do jogo. Com a prorrogação, ela não se entusiasmou. Eu, tenso. Com os pênaltis, ela ficou tensa comigo. E vibramos muito no chutão para o espaço de Baggio! Nós dois pulando na sala! Imediatamente, corremos para o Playcenter, lindo, totalmente vazio, claro, afinal todos estavam nas ruas comemorando. Fiz um bom plano. E ainda fomos campeões.*

Pelé, Garrincha e Ronaldo.

Taffarel; Carlos Alberto, Lúcio, Piazza e Branco; Clodoaldo, Gérson e Rivellino; Garrincha, Pelé e Ronaldo.

Luiz Felipe Scolari. **"**

Tadeu Jungle, *roteirista e diretor de cinema e TV*

290

" *Eu assisti, pela TV, ao Brasil ser campeão duas vezes. Em 1994, eu era pequeno, mas vi a festa que fizeram após a vitória da Seleção nos pênaltis contra a Itália. A sensação mais legal foi em 2002. Eu já integrava a Seleção Brasileira de Natação e fui para a África do Sul disputar o Troféu Mustapha Larfaoui. A equipe de natação e eu assistimos à vitória na final no quarto de um hotel; foi uma alegria muito grande.*

Como Pelé é o maior de todos, escolho Romário, Ronaldo e Ronaldinho Gaúcho.

Taffarel; Cafu, Lúcio, Márcio Santos e Roberto Carlos; Raí, Kaká, Ronaldinho Gaúcho e Rivaldo; Romário e Ronaldo.

Carlos Alberto Parreira. 99

Thiago Pereira, nadador medalhista olímpico e maior campeão Pan-americano do Brasil

291

66 O gol mais incrível foi o de Carlos Alberto Torres na final da Copa de 70. A jogada começou com Clodoaldo driblando quatro; depois, Jairzinho, como ponta-esquerda, passou para Pelé. Com classe, Pelé tocou para Carlos Alberto, que se aproximava da grande área; Torres estourou a rede, fazendo 4 x 1 contra a Itália.
Outro lance inesquecível foi o 'quase gol' de Pelé, quando ele vê o goleiro adiantado, chuta do meio de campo, e a bola passa muito perto do gol da Checoslováquia. Nesses dois lances, houve a participação magistral de Pelé, que brilhava não só por sua habilidade, mas também por ter visão em 360 graus. Ele podia 'sentir' a aproximação de um companheiro pelas costas e dar um passe muito elegante - como aconteceu no gol de Carlos Alberto, que finalizou a jogada, a partida e a Copa de 70.

Pelé, Ronaldo e Ronaldinho Gaúcho.

Taffarel; Cafu, Djalma Santos, Bellini e Nilton Santos; Gérson, Ronaldinho Gaúcho e Pelé; Garrincha, Ronaldo e Rivellino.

Luiz Felipe Scolari. 99

Tito Caloi, criador da Tito Bikes

292

66 Minha grande memória é de 70, uma das melhores Copas que vi. Muitos lances não saem da cabeça, mas um me marcou em especial: o gol de falta de Rivellino contra a Checoslováquia. Era nossa estreia no Mundial, estávamos perdendo por 1 x 0, e aquele gol de empate abriu o caminho para a virada por 4 x 1. Foi o primeiro gol da Seleção no torneio; uma bomba que estufou as redes e deu início à campanha que se transformou na grande vitória do País.

Pelé, Gérson e Rivellino.

Félix; Carlos Alberto, Mauro, Piazza e Everaldo; Clodoaldo, Gérson e Rivellino; Tostão, Pelé e Jairzinho.

Vicente Feola.

Valdir Corrêa, "faz-tudo" do Clube Atlético Juventus; trabalha como segurança, gandula, maqueiro, "mudador" de placar da Rua Javari (Estádio Conde Rodolfo Crespi) e o que mais o time precisar

293

66 Foi uma honra participar da Copa de 2002 com a Seleção Brasileira. Sei que, para que eu tivesse a chance de ir, muita gente boa ficou de fora; outros grandes jogadores poderiam estar lá no meu lugar. Éramos um time unido, e todos deram sua contribuição para a conquista. Exceto os goleiros reservas, Dida e Rogério Ceni, todos os jogadores entraram em alguma partida da competição. Fiz parte daquele elenco vencedor e joguei 15 minutos na vitória por 2 x 1 contra a Turquia, pela primeira fase.

O momento mais emocionante foi a final contra a Alemanha. Primeiro, vieram os dois gols de Ronaldo. Depois, os jogadores invadindo o campo após o apito final, todos nós preparados para receber a Taça, a comemoração no vestiário...
Para mim, foi um sonho realizado. Ser campeão de uma Copa do Mundo é o maior título que um jogador pode alcançar, maior que um Mundial de Clubes, um Campeonato Paulista, um Campeonato Brasileiro ou uma Copa América.

Pelé fica de fora porque não tem graça ele disputar com os outros jogadores; ele é de outro mundo! Então, escolho Ronaldo, Romário e Garrincha.

Taffarel; Djalma Santos, Aldair, Piazza e Nilton Santos; Zito, Didi e Rivellino; Garrincha, Romário e Ronaldo.

Mário Lobo Zagallo. 99

Vampeta, Marcos André Batista Santos, Campeão pela Seleção Brasileira na Copa de 2002

mantêm humano, falhas te mantém humilde e sucesso te mantém reluzente', pois quem não sonha não acredita, quem não acredita não busca, quem não busca não tenta e quem não tenta jamais alcançará o sucesso. Essa lembrança é importante para mim porque demonstra que coragem, determinação, genialidade e autoconfiança são fatores primordiais para o ser humano; e isso ficou muito bem demonstrado por Pelé.

Pelé, Garrincha e Rivaldo.

Gylmar; Djalma Santos, Bellini, Piazza e Nilton Santos; Zito e Didi; Garrincha, Rivaldo, Pelé e Rivellino.

Mário Lobo Zagallo. 99

Victor Mirrshawka, diretor cultural da FAAP e autor de diversos livros nas áreas de Gestão de Qualidade, Criatividade, Estatística, Pesquisa Operacional, Administração Pública, Liderança e Motivação

294

66 O lance que mais me marcou nas Copas em que o Brasil foi campeão aconteceu em 1970, no México. A bola caprichosamente correu para a linha de fundo, depois que Pelé, de forma magistral, aplicou o drible da vaca em Mazurkiewicz, goleiro do Uruguai, e tocou em direção ao gol. Recordo-me perfeitamente de que fiquei torcendo, de forma até fora do comum, para que a bola entrasse.
Senti uma emoção, uma alegria muito grande; o que me levou a recordar daquele famoso ditado: 'Alegria te mantém doce, desafios te mantêm forte, tristezas te

295

66 Copa de 2002, Japão-Coreia. O lance mais marcante para mim foi o gol de Ronaldo Fenômeno, na final Brasil e Alemanha. Rivaldo faz um corta-luz e deixa para Ronaldo pegar de primeira e marcar um golaço.

Pelé, Garrincha e Ronaldo.

Taffarel; Carlos Alberto, Aldair, Bellini e Nilton Santos; Didi, Gérson e Pelé; Garrincha, Ronaldo e Romário.

Luiz Felipe Scolari. 99

Virna Dias, ex-jogadora de vôlei, medalha de bronze com a Seleção Brasileira nas Olimpíadas de Atlanta 1996 e Sydney 2000

296

❝ Ironicamente, o momento mais marcante de todas as Copas, ao menos para mim, foi protagonizado por um italiano... O pênalti batido por Roberto Baggio (para fora!), na primeira final decidida numa disputa de pênaltis. Apesar de a vitória ter vindo de um erro, seria injusto não lembrar os muitos momentos brilhantes (e também tensos) de uma Seleção que começou a Copa quase desacreditada, foi crescendo e empolgando até a final - incluindo a eletrizante e inesquecível vitória de 3 x 2 sobre a Holanda, pelas quartas de final. A final teve um significado muito maior, para mim, por profundas questões familiares. Doze anos antes, tive minha primeira grande desilusão com o futebol: a desclassificação do Brasil pela mesma Itália, na Copa de 82. Assistia ao jogo ao lado do meu pai - um italiano chegado aqui ainda adolescente, que amava o Brasil, que construiu sua família por aqui, que falava português sem nenhum sotaque, mas que nunca conseguiu deixar de amar sua querida Squadra Azurra. Foi uma sensação horrível sofrer ao ver a Seleção Brasileira, que jogou de forma tão brilhante, perder; e, ao mesmo tempo, ter alguém tão próximo e querido, celebrando.
Em 1994, aquela final representava mais do que conquistar a Copa; era a correção de um passado injusto e traumatizante. Nem tive coragem de assistir ao jogo ao lado do meu pai; optei por ver a partida na casa de amigos. O alívio gerado pelo chute de Roberto Baggio sobre o gol do heroico Taffarel, depois de 90 minutos de jogo e mais 30 minutos de prorrogação, foi algo indescritível.
Anos depois, assisti a outras duas finais de Copa do Mundo com meu pai – 2002, na qual nos tornamos Pentacampeões, e 2006, quando a Itália conquistou seu Tetracampeonato. Nessas duas ocasiões, nós estávamos torcendo pelo mesmo time e, em ambas, saímos vitoriosos.

Pelé, Romário e Ronaldo.

Taffarel; Cafu, Aldair, Roque Júnior e Roberto Carlos; Dunga, Mauro Silva e Rivaldo; Pelé, Ronaldo e Romário.

Luiz Felipe Scolari. ❞

Vittorio Rullo Junior, administrador de empresas

297

❝ Participei de sete Copas do Mundo com a Seleção Brasileira. Foram quatro títulos inesquecíveis e um vice, em 1998. Sempre com a amarelinha, com a nossa camisa. Sou o único no mundo a defender tantas vezes seu próprio país na mais importante competição do futebol.
A Copa de 58 foi a que mais me marcou como jogador. A primeira grande conquista do futebol brasileiro. E ainda tive a felicidade de fazer o quarto gol e dar o passe para Pelé fazer o quinto, na vitória de 5 x 2, na final contra a Suécia. Foi inesquecível!
Apesar de ter tido sucesso como técnico, gosto mais da emoção que senti como jogador em 58 e 62. É uma diferença grande. O jogador depende de sua própria atuação. Já o técnico tem a responsabilidade pelo sucesso geral do grupo. O técnico tem que se impor e mostrar que é o líder do time.
Foi também muito especial ganhar a Copa de 70. Eu estava começando a vida como treinador. Substitui João Saldanha e promovi uma mudança geral na Seleção, faltando apenas dois meses para o início da competição. Quando assumi, o time jogava no 4-2-4. Para mim, era um esquema tático totalmente ultrapassado. Adotei, então, o 4-3-3.
Era um tempo em que a técnica se sobrepunha ao físico, um futebol mais gostoso de se ver. Tínhamos seis jogadores que atacavam sem problema nenhum

e voltavam para o meio de campo para marcar. O time fazia uma marcação em bloco, mas esperando o adversário no grande círculo – algo que os jogadores não estavam acostumados a fazer naquela época.
Everaldo se plantava na lateral esquerda, Piazza e Brito ficavam centralizados.
Como técnico, mudei a história da Seleção Brasileira. Escalei como titulares cinco jogadores que eram 'camisa 10' em seus times: Rivellino, Tostão, Pelé, Jairzinho e Gérson. Ao recuar Piazza do meio-campo para jogar como quarto-zagueiro, eu pude escalar Clodoaldo e Rivellino, que eram reservas na seleção do Saldanha. Coloquei Tostão, que atuava como meia no Cruzeiro, mais para frente, como se fosse um pivô de basquete. Ele tinha uma condição restrita por causa do seu problema no olho, e jogou muito bem na nova função, abrindo espaço para quem vinha de trás.
E ainda tinha no banco Paulo Cezar Caju, que estava numa fase muito boa, o melhor ponta-esquerda em atividade na época. Ele jogou demais nas duas partidas em que foi titular, quando Gérson se machucou.
O gol que Carlos Alberto marcou na final é um bom exemplo de como funcionava o posicionamento tático e a movimentação da equipe. Foi uma jogada toda trabalhada, que treinamos várias vezes e que envolvia diversas trocas de passes. Sabíamos que a Itália marcaria homem a homem. Quando Jairzinho puxou a marcação de Facchetti, abriu espaço para Carlos Alberto receber a bola no pique, depois do passe de Pelé. Essa jogada poderia não ter saído em nenhum dos jogos. Mas saiu. E foi o último gol do Tricampeonato.

Pelé, evidente. O primeiro sempre. Foi um jogador que se mostrou prodígio desde garoto. Em 58, a Seleção Brasileira tinha excelentes jogadores: Garrincha, Nilton Santos Djalma Santos, Vavá, Zito, Zagallo (por que não?!). Essa composição deu apoio total ao Pelé. Ele tinha um alicerce grande, eram jogadores maduros; olhava para os lados, e o time era muito bom. Na Copa de 70, Pelé também teve todo um time o apoiando. Foram seleções diferentes, gerações diferentes. Todos já eram jogadores consagrados, inclusive o próprio Pelé.
Em 62, Garrincha foi aquele que destoou. Ele conduziu o time. Com seu jogo, seus dribles, abriu mais espaço para os demais jogadores. Atuou fora de suas características, fez gol de cabeça, de fora da área... E a saída de Pelé, contundido, deu a chance de um outro jogador brilhar: Amarildo. Ele entrou no lugar de um jogador excepcional e não decepcionou. Fez uma Copa muito boa.
Em 94, Romário foi fora de série. E formou uma dupla sensacional com Bebeto.
Em 2002, Ronaldo foi o grande destaque. Um jogador que teve duas vezes uma lesão muito grave e se superou. Felipão teve a coragem de levá-lo, e ele correspondeu plenamente. Foi um dos melhores pontas-de-lança que vi jogar.

Nunca escalei uma seleção dos sonhos na minha vida. É muito difícil. São muitos os jogadores que não podem ficar de fora. A Seleção Brasileira é a melhor do mundo! 99

Zagallo, Mário Jorge Lobo ⭐, *Tetracampeão Mundial com a Seleção Brasileira - como jogador nas Copas de 58 e 62, como técnico na Copa de 70 e como coordenador técnico na Copa de 94*

298

66 Em 82, eu tinha 16 anos. Acompanhei aquela Seleção entusiasmado como um moleque de 8. Tinha álbum, tampinhas com o rosto dos jogadores, time de botão, o escambau. Naturalmente, a campanha brilhante daquele time mais a derrota desastrosa contra a Itália foi o que mais me marcou na história das Copas até hoje. A ressaca foi tamanha que passei alguns anos desinteressado por futebol – não

acompanhei com grande animação as Copas de 86 nem a de 94, em que o Brasil foi campeão, mas era feia de ver, afora alguns rompantes brilhantes de Bebeto, Branco ou Romário. Sobre a de 90, prefiro não falar. Mas tem outro lance marcante, que só vi em videoteipe. Aquele quarto gol contra a mesma Itália, na final de 70. É para mim o lance mais bonito do futebol em todos os tempos, pelo que tem de plástico, coletivo, amoroso, desde o início da jogada lá atrás com Tostão, Piazza e Clodoaldo até a finalização incrível de Carlos Alberto. Aquele último passe de Pelé não é um passe, é um carinho, um abraço, um gesto de amor.

Pelé, Garrincha e Romário.

Marcos; Carlos Alberto, Bellini, Piazza e Nilton Santos; Clodoaldo, Didi e Rivellino; Garrincha, Tostão e Pelé.

Aymoré Moreira. 99

Zeca Baleiro, cantor e compositor

299

66 O lance mais marcante para mim foi o gol do Brasil contra a Inglaterra na Copa de 70. Apesar de Jairzinho ter estufado a rede dos ingleses, a jogada foi iniciada com uma série de dribles de Tostão. Tostão foi o jogador mais importante da história do Cruzeiro. Sou cruzeirense doente, e o lance foi excepcional.

Garrincha, Pelé e Tostão.

Félix; Carlos Alberto, Piazza, Brito e Everaldo; Clodoaldo, Gérson e Rivellino; Jairzinho, Tostão e Pelé.

Mário Lobo Zagallo. 99

Zeze Perrella, Senador da República e ex-presidente do Cruzeiro Esporte Clube

300

66 Foi muito emocionante quando vencemos a Copa de 58. Era a primeira vez que a Seleção Brasileira era Campeã Mundial! Deu tudo certo para a gente. O time tinha excelentes jogadores em cada posição. O Brasil inteiro comemorou nossa vitória. Foi fantástico!
O momento mais inesquecível da Copa de 62 foi o gol de cabeça que fiz na final contra a Checoslováquia. O jogo estava 1 x 1, desempatei a partida e abri caminho para nossa virada por 3 x 1. Foi maravilhoso. Todos me abraçando e comemorando. Naquela hora, senti que havíamos ganhado o Bicampeonato.

Didi: nosso comandante na Copa de 58. Pelé: nasceu para jogar futebol. Zagallo: muitos não lembram, mas ele foi um grande jogador.

Gylmar; Djalma Santos, Bellini, Orlando e Nilton Santos; Zito e Didi; Garrincha, Vavá, Pelé e Zagallo.

Vicente Feola. 99

Zito, José Ely de Miranda , Bicampeão pela Seleção Brasileira nas Copas de 58 e 62